ZOË FOSTER BLAKE

ILLUSTRATIONEN VON
MARI ANDREW

Liebeskummer kann mich mal!

DER ULTIMATIVE
TRENNUNGS-SURVIVAL-GUIDE

Aus dem Englischen von
Ute Löwenberg

arsEdition

EINLEITUNG 3

Warum ich dieses Buch geschrieben habe

Hey, du siehst traurig aus. Lies das mal.

Wie man dieses Buch benutzt

Das Rad der Gefühle

WTF IST GERADE PASSIERT? 18

Oh Gott, ich krieg keine Luft mehr

Warum bin ich so traurig? Weil das so sein muss!

All die Tränen

Ich gerate in Panik. Also *richtig* in Panik!

ICH SCHAFF DAS NICHT 46

Wie erzähle ich's den anderen?

Was ist mit unserem ganzen Kram?

Was kann EINE EINZIGE Nachricht schon anrichten?

Sollte ich mich in einem Fitnessstudio anmelden?

Die sozialen Netzwerke machen mich fertig

Ich werde nie wieder glücklich sein

Was fange ich bloß mit meiner ganzen Zeit an?

Ich bin traurig. Immer noch so tieftraurig.

OMG – er ruft an!

Wo soll ich nur mit all diesen verflixten Gefühlen hin?

ICH HASSE IHN 92

Verflixt noch mal, ich brauche einen Abschluss
Mein betrunkenes Ich lässt das Team im Stich
Ich bin WÜTEND. Ich könnte DUMMHEITEN machen.
Sonntags bin ich so schrecklich down
Was, wenn ich meinen Ex zufällig treffe?
Niemand versteht mich
SAG, DASS ES NICHT FÜR IMMER SO WEHTUN WIRD

ES IST WIRKLICH VORBEI … 130

Ich will ihn zurück
Mache ich das Richtige, wenn ich ihn zurückwill?
Es geht kein bisschen voran
Ich vermisse mein altes Ich und mein altes Leben
Ich habe die Beziehung kaputt gemacht
Ich denke immer noch an ihn
Treffe ich die richtigen Entscheidungen?
Wie kann ich sicherstellen, dass meine nächste Beziehung gut wird?
Mir ging's super, aber jetzt nicht mehr
Vielleicht ist es nicht wirklich vorbei?

MIR GEHT'S GANZ GUT ...! 180

Mir geht es gut. Sogar besser ...?
Ich habe gestern jemanden abgeschleppt!
Soll ich ihm einfach *vergeben*?
Vielleicht *gehe* ich auf diese Party.
Woher weiß ich, dass ich wieder bereit für eine Beziehung bin?
Die Kunst, im besten Sinne egoistisch zu sein
Tipps für deine nächste Beziehung

FAQs 216

MENSCHEN TRENNEN SICH AUF DER GANZEN WELT, JEDEN TAG. SIE STERBEN NICHT ODER GEHEN IN FLAMMEN AUF. SIE SIND VERWUNDET, ABER SIE KOMMEN DARÜBER HINWEG, UND DANN BLÜHEN SIE AUF, SO WIE DU ES WIRST. UND WIE DU AUFBLÜHEN WIRST!

Warum ich dieses Buch geschrieben habe

Deshalb, weil es verdammt großartig gewesen wäre, wenn es so etwas gegeben hätte, als ich 20 war. Und da sich an der Lage immer noch nichts geändert hat, sehe ich es so wie ein Milliardär, der mit dem derzeitigen Raumfahrt-Programm unzufrieden ist: Manchmal muss man sich die verflixte Rakete eben selbst bauen!

Ich habe all das getan, was man während einer Trennung nicht tun soll – manchmal sogar alles auf einmal in 24 selbstzerstörerischen und demütigenden Stunden.

Mit 18 fand ich es an der Zeit, meinen Ex mal wieder zu treffen, nur um ihm zu zeigen, dass ich süß war und eine tolle Frisur hatte und er es sich vielleicht noch einmal überlegen sollte. (Ich hatte mit *ihm* Schluss gemacht. Wichtig zu wissen, damit du nicht irrtümlich denkst, nur die *Verlassenen* benehmen sich verrückt.) Ich wachte auf, zog mich für einen Sonntagmorgen viel zu schick an, fuhr mitten im Winter mit dem Zug (genau genommen mit zwei Zügen, ich musste umsteigen) zu seiner Wohnung am Ende der Welt und klopfte an seine Tür. Ich sehe unwiderstehlich aus, dachte ich.

Er wird mir einen Antrag machen, dachte ich.

Er ist nicht da, sagte sein Mitbewohner.

Kein Thema, ich warte, sagte ich und ließ mich aufs Sofa der karg möblierten, miefigen Wohnung fallen.

Äh, ich denke, er wird eine Weile weg sein, sagte sein Mitbewohner überdeutlich.

Kein Thema, ich kann warten, sagte ich fröhlich und griff mir ein Männermagazin vom Couchtisch.

Stunden verstrichen. Der Mitbewohner verließ widerwillig das Haus, um etwas zu besorgen, und kehrte zurück. Und rate, welcher Loser immer noch dort ausharrte? Weitere Stunden verstrichen – zwei, vielleicht auch acht. Ich wollte meinen Ex nicht antexten, es sollte eine Überraschung sein. Schließlich schrieb ich ihm doch. Er antwortete kalt: *Geh bitte!* Und damit hatte er natürlich recht. Das habe ich dann unter Tränen auch gemacht – nicht ohne sein Zimmer vorher schnell noch nach Anzeichen auf andere Frauen zu durchsuchen. Zu Hause angekommen, trank ich eine Flasche ungenießbar schlechten Wein, rief ihn so lange an, bis er nicht mehr dranging, um dann seine Voicemail anzuschreien. Dann wiederholte ich den Telefonterror bei seinem besten Freund. Es war schauerlich. Ich hatte mich in ein betrunkenes, kreischendes, erbärmliches, maßlos übertriebenes Klischee verwandelt.

Wenn ich damals dieses Buch gehabt hätte, hätte ich meine Würde behalten können.

Natürlich: Leben ist Lernen. Ich bereue nichts (das ist eine fette Lüge!). Seitdem bin ich weit gekommen. Die Trennung, bevor ich meinen geliebten Mann getroffen habe? Gemeistert! (Ja, du kannst bei Trennungen »gut« oder »schlecht« sein.)

Völlig normale Schuhe
für einen Sonntagmorgen

Ich war nüchtern, kam langsam wieder zur Vernunft, und sobald diese erste Woche aus Wein, Tränen und Adrenalin vergangen war, passte ich gut auf mich auf.

Im Jahr 2009 schrieb ich einen Beziehungsratgeber namens *Textbook Romance.* Ich stellte fest, dass es in 120 % der Fälle um Trennungen ging, wenn Frauen mir nach dem Lesen dieses Buches oder meiner Beziehungskolumne in der *Cosmopolitan* eine E-Mail schickten. Dies ist eine Zeit, in der du Führung brauchst, eine feste, aber freundliche Stimme in deinem Kopf, die dich drängt, dich zusammenzureißen. Ich wollte, dass du genau so etwas hast, gerade wenn du selbst das Gefühl hast, komplett planlos zu sein.

Textbook Romance startet an dem Punkt, an dem du aus den tiefen, schmutzigen, elenden Abgründen des Gerade-Single-Gewordenseins wieder auftauchst. Aber bevor du dich gut genug fühlst, um daran zu denken, deine Schmetterlingsflügel wieder aufzufalten und zu fliegen, passiert sehr viel. Das sind harte Tage; du bist verwundbar, verwirrt, verletzt und extrem anfällig, Mist zu bauen.

Also habe ich beschlossen, diesen Liebeskummer-Coach zu schreiben. Warum? Weil ich denke, dass gebrochene Herzen jemanden brauchen, der sie hartnäckig, aber liebevoll in ihre sinnvolle Trauer stößt und sie von der Kontaktaufnahme mit dem Ex zurückhält. So wie die Stiche einer gut genähten Wunde zwar anfänglich schmerzen, dann aber Heilung ermöglichen.

In anderen Worten: Du brauchst einen Coach, so wie du

einen Trainer brauchst, wenn du abnehmen, eine Medaille gewinnen oder Spanisch lernen willst. Also – lass mich dein Trennungs-Coach sein! Lass mich dich durch diesen verkorksten, gruseligen, heiklen, elenden Trennungszeit-Tunnel begleiten und dich zu einer glücklichen, zufriedenen, unabhängigen Existenz voller Selbstliebe führen. Oder auch nur davon abhalten, die Vespa deines Ex umzutreten.

Natürlich ist jedes Herz und jeder Herzschmerz anders und es gibt keine perfekte und universelle Heilungsmethode nach einem Beziehungs-Aus. Möglich, dass du gerade Schluss gemacht hast mit deiner Schulliebe, von dem Mann deines Lebens verlassen wurdest oder dich nach einer Scheidungsschlammschlacht wieder nach oben zu kämpfen versuchst. Trennungen kennen keine Gnade und kümmern sich nicht um dein Alter oder deine Lebenslage. Sie treffen uns auch nicht auf dieselbe Weise. Manche Menschen brauchen ein Jahr Seelenpflege, bevor sie das Gefühl haben, einen Schritt nach vorn gemacht zu haben, andere wenige Wochen. Aber es gibt ohne Frage gemeinsame Themen, Gefühle und Rückschläge – und das ist genau der Punkt, an dem dieses Buch (und meine App *Break-up Boss*) hoffentlich helfen kann.

Es wird eine Herausforderung sein, es wird wehtun und du wirst mich ein bisschen hassen. Dennoch – du bist die Chefin dieses ganzen bunten Abenteuers. Du und nur du erlebst es und kannst kontrollieren, wie es sich entfaltet und was du daraus machst.

Hab von Anfang an im Kopf, dass **Trennungen** ein großes, **wertvolles Geschenk** sind.

Trennungen zwingen uns, zu wachsen und zu blühen und wirklich zu verstehen, wer wir sind. Sie treten uns in den Arsch, lassen uns haufenweise Partys besuchen, die Welt bereisen und Fremde küssen. Sie sind lebensverändernde, magische Katalysatoren, ein Geschenk des Universums, das uns zu einer (oft überfälligen) emotionalen Entwicklung zwingt.

Also, fangen wir an das verflixte Geschenk auszupacken!

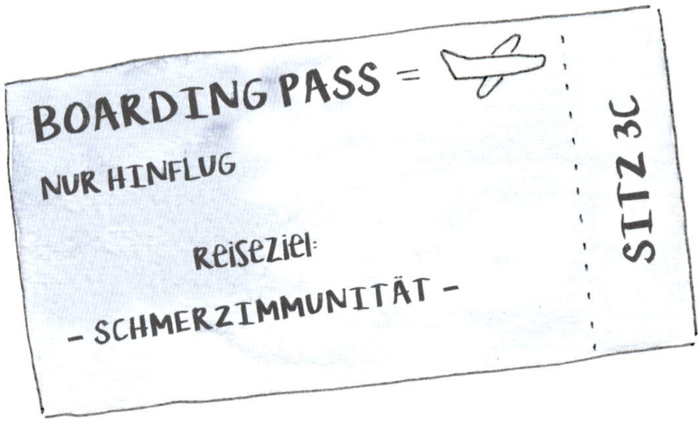

Hey, du siehst traurig aus. Lies das mal.

Trennungen sind kein Zufall. Irgendetwas stimmte nicht. Was geschah, *musste* passieren, denn in ihrem jetzigen Zustand war deine Beziehung nicht gesund.

Wenn du dich nach dem Lesen dieses Buchs nur an eine einzige Sache erinnerst, sollte es diese sein:

> *Es geht hier nicht um ihn. Es geht nur und immer um dich.*
> *Was dein Ex macht, spielt keine Rolle.*
> *Du zählst. Es geht ausschließlich um dich.*
> *Du bist die Chefin von allem.*
> *Du sitzt am Steuer. Nicht er. Du.*

Die 1 mit Sternchen, mit der du diesen Test bestehen wirst, hast du schon in der Tasche. Du bist für diese Herausforderung bestens qualifiziert und hast die volle Kontrolle darüber, wie du dich fühlst. Immer! Chefinnen sind zuversichtlich, sie haben das Sagen und verstehen das große Ganze.

Ich will, dass du die Chefin deiner Trennung bist.

Oh, und noch etwas: So etwas wie eine Beziehungspause gibt es nicht. Ihr seid zusammen, ganz oder gar nicht. Verbanne den Begriff aus deinem Wortschatz, deinem Gehirn und definitiv aus deinem Herzen.

Menschen trennen sich auf der ganzen Welt, jeden Tag. Sie sterben nicht oder gehen in Flammen auf. Sie sind verwundet, aber sie kommen darüber hinweg, und dann blühen sie auf, so wie du es wirst! Schau dir nur Nicole Kidman nach dem Beziehungs-Aus mit Tom Cruise an: Es folgten ihre besten Leistungen, ein Oscar, wahre Liebe und ein zutiefst befriedigendes, frohes Leben.

Nach einer Trennung – vor allem nach einer wirklich schlimmen – wachsen die Menschen. Sie wachsen über sich hinaus und in sich hinein, und das ist gut so.

Du wurdest befördert! Es ist an der Zeit, vorwärts- und aufwärtszustreben und zu sehen, was es noch in diesem großen, wunderbaren Leben gibt!

Es wartet Schmerz auf dich, der an dir nagen wird, aber eines Tages wirst du all dies als das Geschenk sehen können, das es ist.

👉 DIES IST WICHTIG

Menschen, die sich über ihre Trennung freuen oder sie nach langem Nachdenken angestoßen haben, brauchen in der Regel kein Buch oder keine App, damit sie sich besser fühlen. Diejenigen aber, die von einer Trennung schockiert sind oder Schwierigkeiten bei der Verarbeitung haben – sie brauchen diesen Trennungs-Coach.

Einige Trennungen sind mehr als nur traurig und schwierig.

Sie sind beängstigend. Sie erfordern enormen Mut und Planung, und sie können gefährlich sein, wenn die Person, von der du dich trennst, dich körperlich, finanziell, emotional oder psychisch missbraucht.

Wenn du dich in einer Situation befindest, in der du dich vor, während oder nach der Trennung von jemandem in irgendeiner Weise bedroht fühlst, **suche bitte sofort professionelle Hilfe und Schutz**. Es ist nie ein Zeichen von Schwäche, um Hilfe zu bitten, es ist ein Zeichen von Mut und Stärke.

Wende dich unter der kostenlosen Rufnummer **08000 116 016** an das **Hilfetelefon Gewalt gegen Frauen** (Bundesministerium für Familie und zivilgesellschaftliche Aufgaben). Dort kannst du dich beraten lassen (auch per Chat unter www.hilfetelefon.de) und bekommst Hilfe bei der Suche nach Beratungsangeboten in deiner Nähe. Deine Sicherheit ist das Wichtigste. Es lohnt sich immer, um Hilfe zu bitten oder auch nur mit jemandem zu sprechen. Bitte lass dir helfen!

DIAGNOSE:
GEBROCHENES HERZ

Rx

VERSCHREIBUNG:

* 3 Mahlzeiten am Tag, die deinen Körper mit Vitaminen und dein Herz mit Freude erfüllen
* 5 schöne Ereignisse im Kalender, mit Vorfreude zu erwarten
* 1 bis 3 einfühlsame Zuhörer
* Regelmäßiger Sport, der Spannung abbaut und nicht belastend ist
* 1 neues Tagebuch
* VERMEIDEN: Alkoholexzesse & Internet

Wie man dieses Buch benutzt

1. Mach mit jemandem Schluss oder lass ihn mit dir Schluss machen.

2. Entscheide dich, etwas anderes dagegen zu tun, als zu weinen, Dinge zu zerschmettern oder dich zu betrinken.

3. Schnapp dir dieses Buch. Gut gemacht! Das war ein ausgezeichneter Zug der Selbstliebe.

4. Blättere zum *Rad der Gefühle* (Seite 17) und dann zu dem Abschnitt, der am besten beschreibt, wie du dich fühlst.

5. Tauche ein in die Stellen, die dich interessieren oder etwas in dir zum Klingen bringen, und tauche wieder auf – es gibt keine festgelegte Reihenfolge.

6. Schlag das Buch auf, wenn du dich traurig, wütend, schwach fühlst oder wenn du liebevolle, aber strenge Führung brauchst.

7. Schließe das Buch, wenn du die verdammte Besserwisserei satthast oder wenn du ein Zitat oder sonst etwas gefunden hast, das dir wirklich hilft und das du dir einprägen willst.

8. Notiere oder fotografiere alle Bilder, Zitate und Absätze, die dich ansprechen (du kannst sie als Hintergrundbild für dein Smartphone nutzen), und schau sie dir bei Bedarf (oder auch ununterbrochen) an.

9. Verschenke dieses Buch (oder die englischsprachige *Break-up Boss*-App) an alle Menschen mit gebrochenem Herzen, von denen du weißt, dass sie es dringend brauchen und davon profitieren könnten.

10. Freue dich wirklich von Herzen auf deine Zukunft. Weil sie wunderbar wird.

Das Rad der Gefühle

Wie fühlst du dich gerade? (Sei ehrlich. Es ist keine gute Zeit, dich selbst zu belügen.) Sieh dir nun das Rad der Gefühle an und entscheide, welche Aussage im Moment am besten auf deine Gefühlslage zutrifft. Schlag dieses Kapitel auf und lies es. Einfach, oder?

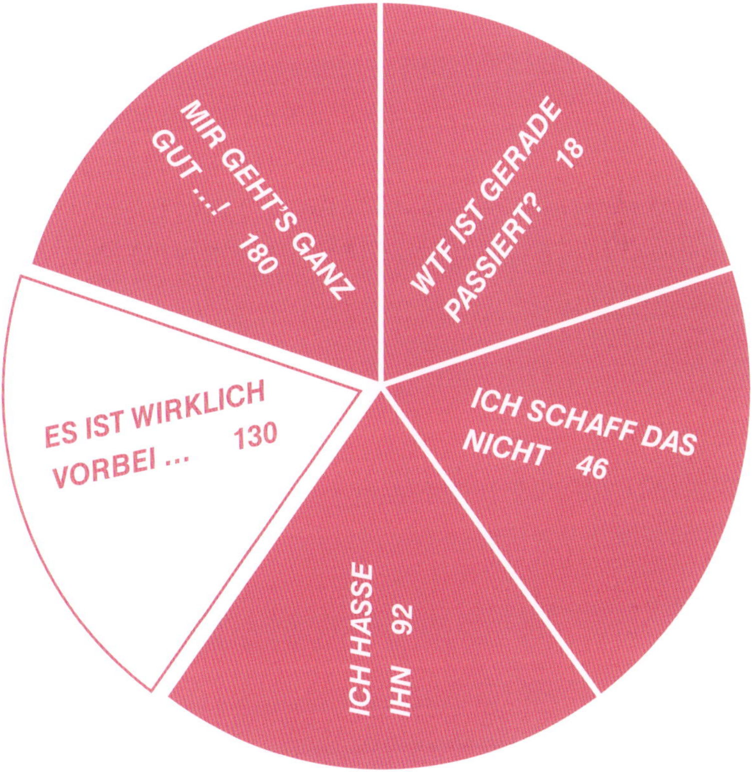
MIR GEHT'S GANZ GUT ...! 180
WTF IST GERADE PASSIERT? 18
ICH SCHAFF DAS NICHT 46
ICH HASSE IHN 92
ES IST WIRKLICH VORBEI ... 130

WTF ist gerade passiert?

Oh Gott, ich krieg keine Luft mehr 20

Warum bin ich so traurig?
Weil das so sein muss! 25

All die Tränen 30

Ich gerate in Panik.
Also *richtig* in Panik! 37

Oh Gott, ich krieg keine Luft mehr

Dein Schmerz tut mir unendlich leid. Der Schock, die Verwirrung, die Wut und die Traurigkeit, die dich nach der Trennung überfallen und die bewirken, dass du an einem ganz normalen Tag, an dem du etwas so Normales tust, wie zu deinem Job in *Marthas Hüpfburgen-Paradies* zu fahren, nicht atmen, dich konzentrieren oder denken kannst.

Es fühlt sich – im wahrsten Sinne des Wortes – unglaublich an. Alles ist falsch! Panik kommt auf, dein Gehirn rast in die Zukunft und dann in atemberaubendem Tempo in die Vergangenheit zurück, ohne das Geschehene verarbeiten zu können. Dein Überlebensinstinkt (kämpfe oder flieh!) beginnt, dir seltsame Dinge ins Ohr zu flüstern, und ermutigt dich, zum Handy zu greifen, zu nerven und deinen Ex zu bitten, die Trennung rückgängig zu machen. Oder ein One-Way-Ticket nach Oslo zu kaufen, schließlich hast du skandinavisches Design immer schon geliebt, und außerdem: So weit weg von zu Hause wird der Schmerz dich bestimmt nicht finden können.

Ich bin hier, um dir zu sagen, dass all das in Ordnung ist. Du bist in Ordnung. Du bist in Sicherheit.

Du bist in Ordnung. All das ist in Ordnung.

Ich weiß, wie ärgerlich und beschissen es ist, wenn Idioten

wie ich sagen: **Auch das wird vorbeigehen**, aber wir sagen es, weil es wahr ist. Doch im Augenblick beschäftigen wir uns mit den Momenten, in denen du vor Schmerz und Panik keine Luft kriegst.

Hier ist eine wirkungsvolle kleine Übung, die dir hilft, wenn du extrem aufgebracht bist. Meine Mutter hat das mit mir am Telefon eine Stunde nach einer besonders schwierigen Trennung mit großem Erfolg gemacht. Du denkst vielleicht, das ist uncooler New-Age-Quatsch, aber jetzt ist gerade nicht der Moment, die coole Nummer durchzuziehen.

Lass uns einfach dafür sorgen, dass du dich besser fühlst.

Lies, was zu tun ist, stell dein Telefon auf stumm und tu es. Setz dich an einen ruhigen und bequemen Ort. Atme dreimal tief durch die Nase ein und durch den Mund aus.

- **Was kannst du hören?** Vögel? Verkehr? Musik?
- **Was kannst du auf deiner Haut spüren?** Den Wind? Deine Jeans? Einen lästigen BH-Träger?
- **Was kannst du riechen?** Die Kochgerüche deines Nachbarn? Eine Kerze? Dein Deo?
- **Was kannst du um dich herum sehen?** Vorbeifahrende Autos? Dein gemütliches Wohnzimmer? Eine Katze?
- **Bist du bei guter Gesundheit?** Oder leidest du an einem akuten Blinddarmdurchbruch?

- **Bist du in Sicherheit?** Gibt es einen Schwarm angriffslustiger Wespen vor der Tür, eine Flut im Badezimmer? Oder bist du absolut sicher?
- **Hast du genug zu essen und zu trinken?** Oder bist du dehydriert und kurz vorm Verhungern?
- **Kannst du dir ein oder zwei Menschen vorstellen, die dich lieben?** Die Antwort auf diese Frage ist natürlich JA.

Jetzt in diesem Moment ist alles in Ordnung und dir geht es gut. In der Vergangenheit (also in der *sehr nahen* Vergangenheit) warst du schrecklich aufgebracht, schockiert und wütend und in naher Zukunft könntest du traurig sein (oder auch sehr glücklich), aber im Moment geht es dir gut.
Zeit und Ablenkung, diese großartigen Freunde nach einer Trennung, werden ihre Magie entfalten, bevor du »Drei rosa Donuts, bitte« sagen kannst, aber bis dahin denk in den Momenten, in denen du nicht mit der Trennung fertig wirst, bitte daran: Solange du in der Gegenwart bist, geht es dir immer gut.

DU BIST IN SICHERHEIT.

Mach nun ein Foto von dem Bild auf der rechten Seite und nimm es als Hintergrundbild für dein Handy.

ES GEHT DIR GUT

GENAU JETZT, IN DIESEM MOMENT,
IST ALLES, WIE ES SEIN SOLL.

Ich biete dir:
* MEIN HERZ
* MEINE HOFFNUNGEN
* MEINE ÄNGSTE
* MEINE KREATIVITÄT
* MEINE VERGANGEN-HEIT
* MEINEN KÖRPER
* MEINE ZEIT
* MEINE ENERGIE
Nee, danke, brauch ich nicht. NIMM'S NICHT PERSÖNLICH.

Warum bin ich so traurig? Weil das so sein muss!

In den Tagen nach einer Trennung ist dein Gehirn in den ersten Sekunden nach dem Aufwachen völlig verwirrt. Es versucht blitzschnell, diesen neuen, tauben Gefühlszustand zu verstehen, und stellt die Frage, ob dieses seltsame, schwere Gefühl auf einen Traum bzw. Albtraum zurückzuführen ist oder du vielleicht betäubt wurdest oder ob alles vielleicht ein Film war …?

Was ist passiert?

Warum fühlst du dich so seltsam?

Was hat sich verändert?

Stimmt ja: Vor einer Minute warst du in einer Beziehung und jetzt bist du es nicht mehr. Du hast dich getrennt und jetzt bist du ganz allein. Du wirst nie wieder Weihnachten bei seiner Mutter verbringen, du wirst dienstagabends nie wieder schreckliche Filme mit ihm anschauen und deine Weingummis in sein großes Popcorn schütten, du wirst niemals wieder jemanden finden, der nachts mit seinen Zehen gegen deine wackelt. Es ist vorbei.

(Ich warte hier einfach still, während du ein bisschen weinst. Na los! Lass alles raus!)

Ab jetzt, du süßes, armes Würstchen, hast du ein paar verschiedene Möglichkeiten:

1. Tu so, als wäre nichts passiert, trinke zu viel Wein und beginne sofort, am besten schon gestern, dich mit Thorsten Tröster zu treffen.
2. Konzentriere dich mit professioneller Gamer-Präzision darauf, deinen Ex zurückzubekommen und ihn spüren zu lassen, dass das alles ein Fehler war, und zeige ihm, dass du jetzt anders bist. Es wird definitiv funktionieren.
3. Melde dich für den Zölibat an, kündige deinen Job und ziehe nach Griechenland oder begib dich auf irgendeine andere Art und Weise auf die Flucht.
4. Sieh diese Trennung als das große, schöne, in Geschenkpapier verpackte Wunder, das sie ist. Nimm dir Zeit, um herauszufinden, was schiefgelaufen ist, arbeite an dir, heile deine Wunden, verliebe dich in dich selbst und erschaffe ein reiches, freudvolles, produktives und positives Leben für dich und deine drei besten Freundinnen Charlotte, Miranda und Samantha.

Offensichtlich befürworte ich stark, laut und IN GROSSBUCHSTABEN Option vier. Sonst würde ich wohl kaum meine Wochenenden damit verbringen, dieses Zeug für dich zu schreiben, sondern Rollschuhlaufen oder Angeln gehen, wie ich es normalerweise tue.

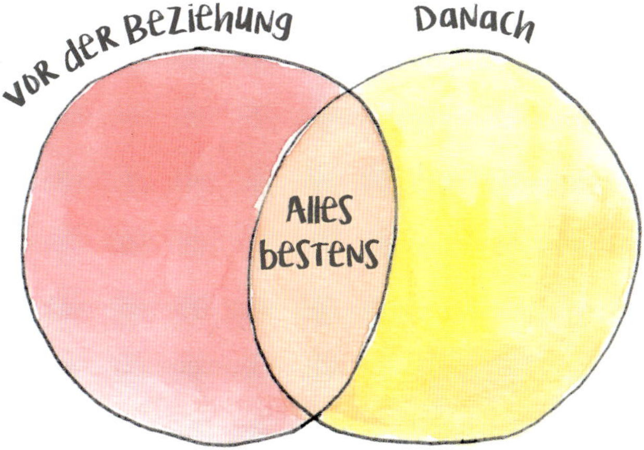

Die Größe und die Schönheit von Frauen, wenn sie nach einer Trennung wieder auftauchen, sind atemberaubend. Ja, wir Frauen leiden mehr unter Trennungen, weil wir evolutionär dazu verdonnert sind, mehr in unsere Partnerschaften zu investieren als Männer (unser primitives Gehirn erwartet ein Baby, wenn wir uns mit jemandem zusammentun, also trauern wir nicht nur um den Verlust der Beziehung, sondern schlagen uns auch noch mit dem enttäuschten Kinderwunsch herum – verflixte Physiologie!).

Aber wir heilen schneller, weil wir ein starkes soziales Netzwerk und Bindungen haben und in der Lage sind, Schokolade zu beschaffen und zu konsumieren.

DENK IMMER DARAN: NICHTS VON ALL DEM IST DAUERHAFT. NICHTS! VON ALL DEM! IST! DAUERHAFT!

Du wirst dich in sechs Wochen total anders fühlen. In sechs Monaten? Da könntest du Präsidentin der Vereinigten Staaten sein. (Okay, das ist vielleicht etwas übertrieben.) Sobald du wieder du selbst bist – und das wirst du sein –, wirst du aufsteigen wie Phönix aus der Asche.

Du wirst neue Stärke und Selbstvertrauen, Mitgefühl, tiefere Freundschaften gewinnen und eine starke Vorstellung davon, wofür du zukünftig in einer Beziehung stehen wirst und wofür nicht, und vor allem die Sicherheit, dass du einfach alles überstehen kannst, da dich diese schreckliche Trennung nicht geschafft hat, sondern du sie. Und schließlich, wie willst du jemals wissen, ob du wieder nach oben kommen kannst, bevor du einmal ganz unten warst?

Es ist unmöglich, Trennungen zu fürchten, wenn man versteht, wie wertvoll sie tatsächlich sind.

Also, gehen wir es an. Gehen wir es an, weil es sich wirklich lohnt. Ich werde hier sein, um dir bei jedem Schritt zu helfen, auch wenn du Rotz und Wasser heulst.

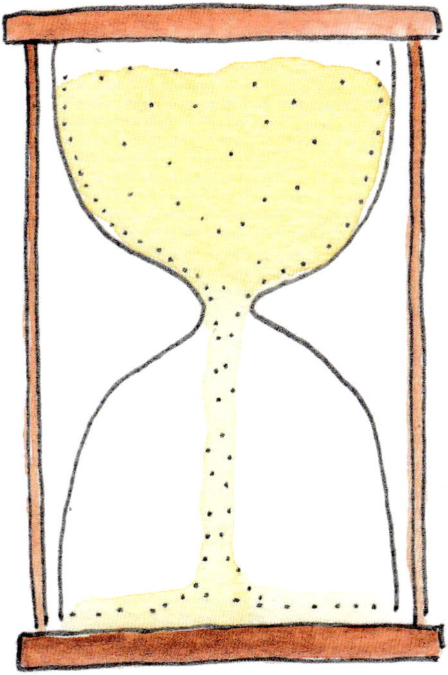

Selbstmitleid-Timer

All die Tränen

Vielleicht bist du keine Heulsuse. Vielleicht verarbeitest du Schmerz auf eine andere, wassersparendere und weniger chaotische Art und Weise. Prima! Dennoch empfehle ich, dem Weinen noch mal eine echte Chance zu geben. Und wenn du eine Heulsuse bist, fordere ich dich auf, alles zu geben! Denn Weinen nach einer Trennung ist nicht nur unvermeidbar, sondern so zwingend notwendig wie die Luft zum Atmen.

Du lässt Trauer und Schmerz raus.

Halte das nicht innen fest. Es muss raus. Also weine!

Weine und dann weine noch ein bisschen mehr.

Fühle, wie die Traurigkeit dich verschlingt, während du in dein Kissen schluchzt und Schmerz und Erschütterung durch deine Adern strömen. Es ist wichtig, theatralisch zu sein und sich richtig reinzusteigern. Gib dem Weinen zu verstehen, dass es wertvoll und willkommen ist. Es soll hier und heute alles geben, da du schließlich nicht vorhast, für immer weiterzuweinen.

Je mehr du es auslebst (auf Seite 217 findest du einen Hinweis auf eine Playlist mit traurigen Songs, die dir die Sache erleichtern werden!), umso weniger aufregend und umso entlastender wird es schließlich sein. Das ist hilfreich, wenn du als normaler Mensch in der realen Welt zurechtkommen musst und

Schaubild
FRAU MIT KUMMER

DABEI, WIEDER HOCHZUKOMMEN

nicht zu schluchzen anfangen willst, wenn der Barista fragt, ob du Zucker möchtest, nur weil dein Ex immer Zucker in seinen Kaffee genommen hat.

Wenn du denkst, dass du genug geweint hast oder dich zusammenreißen musst, weil du bei der Arbeit eine Präsentation halten musst, denk daran:

Vor dieser Beziehung warst du nicht in dieser Beziehung und es ging dir gut.

Und so wird es wieder sein.

WENN DAS LEBEN DICH IN EINE BESCHISSENE SITUATION BRINGT (ÄH, ZUM BEISPIEL – EINE TRENNUNG), SAG NICHT: »WARUM ICH?«, SONDERN SAG: »ICH NEHME DIE HERAUSFORDERUNG AN!«

Und außerdem: Der Schmerz, den du fühlst, existiert, weil die Beziehung für dich wichtig war und du viele Gefühle hineingesteckt hast. Das ist EINE GUTE SACHE, weil es bedeutet, dass du kein Roboter bist (ja, ja, ich weiß, sie sind sehr effizient und werden eines Tages die Welt regieren). Du BIST fähig zu fühlen und du WIRST wieder lieben. Natürlich wirst du das! Aber du wirst auf eine andere, ursprünglichere und authentischere (»bessere«) Weise lieben.

Es ist Zeit für dich weiterzukommen. Die Beziehung passte nicht mehr. Einer oder ihr beide hattet euren »Ich-bin-fertig-damit«-Moment und das ist alles, was dazugehört. Es ist erledigt. Das tut weh, ich weiß. Aber ich bin hier, um dir dabei zu helfen, durch die Scheiße zu waten und einen Fuß vor den anderen zu setzen, bis du deinen Kopf wieder hochheben kannst.

Bald wirst du verstehen, dass es tatsächlich eine ziemlich magische Zeit in deinem Leben ist, denn du hast die seltene Gelegenheit, dein Leben wirklich in Ordnung zu bringen: beruflich, emotional, spirituell und physisch. Es ist ein Geschenk, sag ich dir. Aber du weißt, ohne Regen gibt es keinen Regenbogen! Fürs Erste? Wein dich aus! Auf der nächsten Seite ist ein kleines Ritual, das dir hilft, die Tränen anzunehmen und die Zeit des Weinens schließlich zu überwinden.

MORGENDLICHES TRAUERRITUAL

Stell dir jeden Morgen einen Timer und suhle dich 15 Minuten in deiner Trauer. Begib dich ganz tief rein in das Gefühl von Traurigkeit, Zorn, Selbstmitleid, Bedauern und Groll. Wälze dich in Selbstmitleid wie ein Ferkel im Matsch. Und dann, nach 15 Minuten, hör auf, recke das Kinn nach oben, atme tief durch und geh in den Tag.

Mach das täglich. Bald schon wirst du nach 12 Minuten das Gefühl haben, fertig zu sein. Dann nach 10. Und dann wirst du dein Morgenritual bald gar nicht mehr brauchen.

»Und ob du es nun verstehst oder nicht, entfaltet sich das Universum zweifellos wie vorgesehen.«

Max Ehrmann

ES SOLL SICH SO ANFÜHLEN, ALS WÜRDE DIE WELT JETZT UNTERGEHEN. DESHALB WEISST DU, DASS ES SICH GELOHNT HAT. DESHALB WEISST DU, DASS DU LEBST UND WÄCHST UND VERTRAUST UND DINGE AUSPROBIERST, ANSTATT IN EINER STAGNIERENDEN, SICHEREN, RISIKOFREIEN HALB-EXISTENZ ZU LEBEN.

Ich gerate in Panik. Also *richtig* in Panik!

Ab und zu kann sich in den Tagen und Wochen nach einer Trennung etwas Unheimliches in dein Herz und deine Lungen einschleichen, deine Speiseröhre packen und versuchen, dich am Atmen zu hindern.

Das ist kein Monster und auch kein Python, es ist Panik.

Dir kann es bestens gehen, während du gerade angefangen hast, deine Lieblingszeitschrift durchzublättern. Vielleicht steckst du auch in einem stressigen Projekt oder in einer Supermarkt-Brüllattacke deines Kleinkinds in der Trotzphase. Und dann realisierst du SEHR PLÖTZLICH UND DEUTLICH UND

SCHMERZHAFT, dass du allein bist. Dass dein Ex nicht mehr Teil deines Lebens ist. Und was ist mit den guten alten Zeiten? Oh Gott, du wirst keinen Kaffee mehr mit seiner Schwester trinken, und was wird aus den Plänen für einen Labrador namens Dave, und, verdammte Scheiße, das darf gerade nicht passieren, du willst das nicht, hast es nie gewollt, alles ist ein Riesenfehler, und jetzt kannst du nicht mehr atmen, Scheiße, SCHEISSE, SCHEISSE, SCHEISSE, WAS PASSIERT HIER? ALLES WAR PERFEKT UND JETZT STEHT DIE WELT AUF DEM KOPF, SCHEISSE, SCHEISSE, SCHEISSE –

Okay.
Stopp.
Alles ist in Ordnung.
Stopp.
Sei ruhig.
Atme bewusst dreimal sehr tief ein und aus. Einatmen durch die Nase. Ausatmen durch den Mund.

Leg deine Hand auf dein Herz und denk an etwas, wofür du zutiefst dankbar bist, zum Beispiel deine Mutter, dein Kind, deine beste Freundin, deine robuste Gesundheit oder deinen neuen pinken Lamborghini. Je häufiger du diese bewusste Atmung übst, desto einfacher wird es für dich sein, sie anzuwenden und mit ihr (in ungünstigen Situationen) deine Panik in den Griff zu bekommen.

»Wenn du durch die Hölle gehst, geh weiter!«

Winston Churchill

Tipps zur Angstbekämpfung

Ich wende EFT-Klopfakupressur an, um mir zu helfen, mit meinen Ängsten umzugehen. Kurz gesagt ist EFT (= Emotional Freedom Technique) eine Selbsthilfemaßnahme, die NLP (= Neurolinguistisches Programmieren, eine Technik, die durch Umprogrammieren des Gehirns negative Gedanken beseitigen kann) mit Klopfen auf Meridianpunkte der Akupunktur (zum Korrigieren des Energieflusses, denn schließlich sind Emotionen einfach Energie in Bewegung) kombiniert. (Suche im Internet nach »EFT«, um mehr zu erfahren, oder wende dich noch besser an jemanden, der es praktiziert.) EFT ist nicht für jeden geeignet, aber mir hat es geholfen.

Hier sind einige grob vereinfachte Grundlagen (suche auch in YouTube):

1. Denk intensiv an die Panik, Traurigkeit und Angst in deinem Körper und spüre sie mit allen Fasern. Begib dich ganz hinein und fühle dich so *mies* wie möglich, bis es an Folter grenzt. Schrecklich!
2. Nun klopfe schnell mit Mittel- und Zeigefinger auf die Mitte der Stirn und sag dabei: **»Lass los.«**
3. Jetzt klopfst du auf deinen rechten Wangenknochen und sagst: **»Es ist gut, das loszulassen.«**

DEIN GEHIRN WÄHREND DER KLOPFAKUPRESSUR

4. Klopfe jetzt direkt unter dein rechtes Auge auf den Knochen: **»Es ist ungefährlich, es loszulassen.«**
5. Jetzt wiederholst du das im Brustbereich, wo sich deine Schlüsselbeine treffen: **»Lass einfach los.«**
6. Nun tief durchatmen und kräftig ausatmen. Greif dein Handgelenk und sag: **»Frieden.«**
7. Beschwöre jetzt erneut die panischen, schlechten Gefühle herauf und wiederhole alle Schritte.
8. Dann noch einmal.

Etwas Erstaunliches wird passieren. Von Runde zu Runde wird es dir schwerer fallen, an die Panik und den Schmerz heranzukommen. Das liegt daran, dass du jedes Mal mehr davon loslässt. Ich klopfe 3 bis 5 Minuten oder bis ich mich wohlfühle und nicht mehr wie ein nervöser, mit Furcht einflößenden schlimmen Gedanken viel zu prall aufgeblasener Ballon.

Auch Meditation ist bei einer Trennung hilfreich. Ich bitte dich nicht, eine dieser Wallegewänder tragenden, ununterbrochen über Erleuchtung schwafelnden Nervensägen zu werden. Aber Meditation (ich praktiziere Transzendentale Meditation) ist in Zeiten schnellen Wandels oder hohen Stresses oder wenn sich alles komplett außer Kontrolle anfühlt, extrem nützlich. Es gibt viele gute Apps (versuche mal *7Mind* oder die englischsprachige App *Headspace*), die dir beim Einstieg helfen.

Bei der Meditation geht es nicht darum, negative Gedanken zu vermeiden und sich zur Glückseligkeit zu »ommen«, sondern darum, sich der Angst zu stellen und sie zu fühlen. Wie bei allem im Leben gilt: Je mehr du dich wehrst, umso hartnäckiger bleibt es bestehen. Der Versuch, all deinen Schmerz magisch zu

umgehen, wird nicht funktionieren; du musst ihn zuerst durchlaufen.

Es spielt keine Rolle, welche Technik du wählst, um mental frische Luft zu schnappen, aber es ist extrem wichtig, mit Panik oder Schmerz aktiv umzugehen und sie zu verarbeiten, wenn sie auftauchen, jetzt sofort, frisch nach der Trennung. Andernfalls begleiten sie dich jahrelang, mischen sich in deine zukünftigen Beziehungen ein und schmälern deine Lebensfreude. Lass das nicht zu!

Lass nicht zu, dass die zerbrochene Liebe dich zerbricht.

Das Festhalten von Wut und Schmerz nützt nichts. Es verursacht Spannungen und Unwohlsein und dein Körper verbraucht dabei unnötig Energie. Also, lass los. Du kannst diesen Song einüben und singen, wann immer du ihn brauchst, weil du dich mittendrin befindest:

I'm free of this situation,
I've released my fixation,
I have let you go,
I'm doing great, don't you know?

Funktioniert nicht? Dann stell dir deinen Ex mit einer Lebensmittelvergiftung vor. Das sollte dich runterbringen.

EGAL WO DU BIST
UND WAS DU GERADE TUST,
SAG JETZT SOFORT:

ALLES IST,
WIE ES SEIN SOLL.

NOCH MAL MIT
ÜBERZEUGUNG!
WIEDERHOLE DEN SATZ,
WANN IMMER DU IHN
BRAUCHST / TÄGLICH /
STÜNDLICH / MINÜTLICH.

Ich schaff das nicht

Wie erzähle ich's den anderen? 48

Was ist mit unserem ganzen Kram? 52

Was kann EINE EINZIGE Nachricht schon anrichten? 59

Sollte ich mich in einem Fitnessstudio anmelden? 64

Die sozialen Netzwerke machen mich fertig 70

Ich werde nie wieder glücklich sein 75

Was fange ich bloß mit meiner ganzen Zeit an? 78

Ich bin traurig. Immer noch so tieftraurig. 82

OMG – er ruft an! 85

Wo soll ich nur mit all diesen verflixten Gefühlen hin? 89

Wie erzähle ich's den anderen?

Wie du die traurige Nachricht Familie, Freunden und deinem Taxifahrer mitteilst, liegt ganz bei dir. Einige Leute machen ein paar Anrufe, andere bevorzugen eine ganzseitige Anzeige in der Sonntagszeitung. Was immer du tun willst, ist in Ordnung, denn es geht um dein Herz und deine Trennung. Aber als deine beste

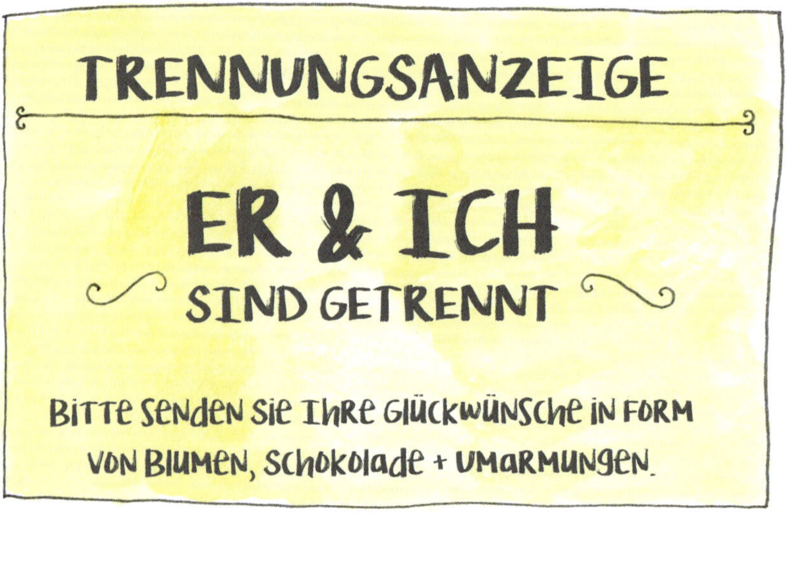

Freundin (zu dick aufgetragen?) und als dein hingebungsvoller Trennungs-Coach (stimmt genau!) empfehle ich dir liebevoll, aber mit Nachdruck, sieben Tage zu warten, bis du deine Trennung öffentlich machst. Warum?

- Es erlaubt dir, den Kopf frei zu bekommen und einen Teil der brennenden Wut oder tiefen Erschütterung zu zerstreuen.
- Nach einer Woche weißt du, dass es sich wirklich um eine Trennung handelt und nicht nur um einen großen Streit.
- Es gibt dir Zeit, es zuerst den Leuten persönlich zu erzählen, die dir am nächsten stehen.

Glaube mir, ich weiß, wie schwer es ist, große Neuigkeiten zu haben und fast daran zu platzen. (Ich gewann 1996 den Oscar als beste Schauspielerin, wurde aber zu Stillschweigen verpflichtet, also weiß es bis heute kein Mensch.) Es ist schwer, denn der Mensch – und speziell die Frau – ist nun mal so beschaffen, Nachrichten zu teilen und zu kommunizieren, Rat zu suchen und lebensverändernde Nachrichten verbal immer wieder durchzukneten, bis sie weicher, verständlicher und leichter zu handhaben sind.

Das ist absolut in Ordnung, aber nur mit deinen engsten Freunden und deiner Familie.

Nicht mit deinen 10 000 Instagram-Followern.

VERMEIDE DIE FACEBOOK-PRESSEMITTEILUNG

Sofortige Ankündigung deiner Trennung auf Facebook oder in einem anderen Social-Media-Kanal ist in der Tat keine gute Idee. Denjenigen, die es wissen müssen, kannst du es persönlich sagen. Die Trennung herauszuposaunen, sobald sie passiert, ist emotional unreif. Normalerweise passiert das, um Bestätigung, Mitleid oder Trost von Fremden zu bekommen oder um die Nachrichtenhoheit zu ergattern und vor dem Ex zu kommunizieren. Da ihr nicht Angelina und Brad seid, ist keine Pressemitteilung erforderlich.

Ein subtiler Statuswechsel zu »Single« ungefähr einen Monat, nachdem es passiert ist, ist viel eleganter.

LASS DEN GANZEN KRYPTISCHEN TEENAGER-QUATSCH

Genauso unglücklich wie eine Pressemitteilung sind schlecht getarnte und bewusst rätselhafte Andeutungen. *(Niemals hat sich dieser Song wahrer angefühlt* 😢) Das Posten deprimierender Zitate, trauriger YouTube-Clips mit düsteren Bildunterschriften oder unverständlicher/besorgniserregender Status-Updates ist unnötig, auch wenn das Gefühl dahinter echt ist. Bitte sprich mit echten Menschen, wenn du dich schlecht fühlst, nicht mit dem Internet. Wenn du ein kreatives Ventil für deine Traurigkeit brauchst, schreibe über sie, schicke eine E-Mail an deine Freunde, backe, tanze, bade nackt im Mondschein oder erfülle ein anderes Klischee.

KEINE SCHLAMMSCHLACHT

Das Schreiben von giftigen, verletzenden und wütenden Kommentaren über deinen Ex (selbst wenn sie nur vage an ihn gerichtet sind) ist keine gute Idee, wenn du möchtest, dass Menschen während der Trennung an deiner Seite stehen. Denn so werden sie auf die Seite deines Ex gezogen. Auch wenn er dich *tatsächlich* mit der Tussi aus der Buchhaltung betrogen hat. Reden ist Silber, Schweigen ist Gold. Glaube mir: Wer schweigt, gewinnt – und im Moment kannst du alle Siege zur Stärkung deiner Moral gut gebrauchen. Also: Klappe halten!

Ganz wichtig: Wenn du Bestätigung und Liebe suchst, **sind Social Media nicht der richtige Ort**; du bekommst sie besser offline. Lade ein paar Freundinnen und Freunde ein und hol dir echte Unterstützung mit echten Umarmungen und echtem Kuchen.

DIESE TRENNUNG WIRD EINE HERAUSFORDERUNG SEIN UND DU WIRST DAS ALLES HASSEN, ABER VERGISS NICHT: DU HAST DIESE GANZE VERDAMMTE GESCHICHTE IN DER HAND! DU KANNST KONTROLLIEREN, WIE SIE SICH ENTFALTET UND WAS DABEI HERAUSKOMMT! ALSO, MACH WAS DRAUS!

Was ist mit unserem ganzen Kram?

In Filmen zieht das plötzlich alleinstehende Mädchen einfach wieder zu ihren lustigen, attraktiven, immer noch zusammenlebenden Eltern oder zu einer frechen Kellnerfreundin. Oder sie findet eine neue Wohnung, die für eine Woche etwa so viel kosten würde wie dein und mein Jahresgehalt zusammen. Aber du bist nicht dieses Mädchen, weil es das genauso wenig gibt wie Einhörner.

Du bist mit größerer Wahrscheinlichkeit das Mädchen, das ein paar finanzielle Hürden vor sich hat, wenn es plötzlich Single ist, besonders wenn es mit seinem jetzigen Ex zusammenlebte (oder mit ihm verheiratet war), Kinder hat und nun wichtige Wohn- und Finanzfragen zu klären hat. Leider kann ich dazu keine angemessene oder vertrauenswürdige Beratung geben. Bitte nimm mit einer Beratungsstelle wie *pro familia* Kontakt auf – sie sind gut gerüstet, um bei der Krisenunterstützung und weiteren Planung zu helfen. Einige Menschen können (oder *müssen* in der Regel aus finanziellen Gründen) einvernehmlich zusammenleben, bis sich eine Lösung für eine Partei ergibt. Empfehlenswert ist das über ein paar Tage oder Wochen hinaus nicht. Für wahre Heilung und Fortschritte müsst ihr (jede/r) in einem Raum ohne eure/n Ex leben. Hier kommen einige administrative Dinge, die man berücksichtigen sollte, wenn man sich getrennt hat.

WO IST EIN SICHERER UND EINLADENDER ORT, AN DEM DU SOFORT NACH DER TRENNUNG BLEIBEN KANNST?

Freunde oder Familie bieten sich hier an erster Stelle an. (Ich bin einmal fünf Tage in ein überteuertes Wellnesshotel geflüchtet, nur um die Stadt zu verlassen, während ich mein Herz vom Fußboden kratzte.)

WAS WIRST DU TUN, WENN DIE GASTFREUNDSCHAFT (NACH, SAGEN WIR, EINER WOCHE) ABLÄUFT?

Bitte deinen Ex, sich dafür zu revanchieren und seinerseits für mindestens ein paar Tage zu verschwinden, während du die Dinge regelst. Oder ist die Wohnung eines anderen Freundes oder eine billige Airbnb-Unterkunft eine Option?

WIE TEILT IHR EUCH DIE MIETE (ODER DIE HYPOTHEKENZAHLUNGEN), WENN EINER VON EUCH AUSZIEHT?

Selbst wenn du mitten im Dritten Weltkrieg steckst, ist dies ein Bereich, in dem Fairplay ein Muss ist. Weder kannst du ihn finanziell hängen lassen, indem du wegläufst, noch darf er dir das antun. Beide müssen die Miete wie gewohnt zahlen, auch wenn einer nicht dort wohnt. Wer auch immer auszieht, muss Miete und Nebenkosten weiterzahlen, bis ein Ersatzmieter einzieht, der die Zahlungen übernimmt. Bittet jemanden, den ihr beide respektiert, euch zu unterstützen, wenn es chaotisch wird, zum Beispiel einen gemeinsamen Freund, ein Elternteil, Geschwister oder Kanye West.

WAS IST, WENN ER NICHT AUSZIEHEN WILL? WAS IST, WENN DU NICHT AUSZIEHEN WILLST?

Lass ihn bleiben! Willst du wirklich in einem Raum voller Geister und Erinnerungen leben? Finde einen neuen Ort, fang neu an. Dein neues Zuhause kann winzig, hässlich oder lächerlich sein – total egal. Ich fand, als ich mich trennte, den tollsten, magischsten kleinen Schuhkarton zum Leben, und obwohl es vor allem symbolisch wichtig für mich war, einen eigenen Raum zu haben, hat es auch tatsächlich RIESENSPASS gemacht. Jede Frau sollte mindestens einmal allein leben. (Dazu später mehr.)

WER BEKOMMT HERKULES, DEN CHIHUAHUA?

Legt einen Knochen vor euch beide und ruft seinen Namen. Der, zu dem er geht, gewinnt. War nur ein Spaß! Chihuahuas mögen gar keine Knochen. Die Frage wird sich wahrscheinlich darauf runterkochen lassen: Wer kann es sich leisten, den Hund zu behalten? Wer hat Platz für den Hund? Wessen Lebensstil ist besser geeignet für den Hund? Arbeite einen Zeitplan aus, wie ihr das Sorgerecht bei Bedarf teilen könnt. Wenn die Auseinandersetzung hässlich wird, kann die Entscheidung darauf hinauslaufen, wer den Hund gekauft oder angemeldet hat. Und wenn es wirklich dreckig wird, zieht ihr vors Gericht.

WIE TEILT IHR DEN GANZEN GEMEINSAM ANGESAMMELTEN KREMPEL AUF?

Jede gemeinsame Anschaffung muss von demjenigen aufgekauft werden, der sie behalten will. Geschenke gehen an den Empfänger, nicht an den Geber. Wer etwas gekauft hat, kann es behalten. Dinge aus reiner Boshaftigkeit behalten zu wollen, obwohl man sie nicht mag, ist idiotisch.

BRAUCHST DU DEN GANZEN KRAM WIRKLICH?

JA
Nein, brauchst du nicht!

NEIN
Richtig!

WAS, WENN IHR GEZWUNGEN SEID ZUSAMMENZULEBEN?

- Seid höflich zueinander. Respektiert den Raum des anderen. Besorgt ein zweites Bett. Geht euch aus dem Weg – bleibt bei Freunden, wann immer das möglich ist, und erstellt einen Zeitplan (über Textnachricht oder E-Mail, wenn nötig), wer wann zu Hause sein wird, damit ihr euch wohlfühlen könnt.
- Setzt ein Auszugsdatum für denjenigen fest, der geht. Bleibt dran.
- Habt KEINEN SEX oder macht es euch aus Gewohnheit »gemütlich«. Glaube mir, das ist extrem wichtig. Wenn du dich getrennt hast, war die Beziehung kaputt. Die Kombination »Wein + Vertrautheit + Couch = alles ist noch in Ordnung« ist tödlich. Bleib so oft wie möglich weg von zu Hause und schlüpfe nicht in deine alte romantische Rolle zurück, sonst wirst du das Unvermeidliche nur unnötig in die Länge ziehen. Außerdem: Bring keine Bettgeschichten mit nach Hause, das wäre mies! Geh zu ihnen.

WENN DEIN EX SICH WIE EIN IDIOT AUFFÜHRT (ODER DU), DENK DARAN: NIEMAND IST UNFREUNDLICH, ES SEI DENN, ER ODER SIE IST VERLETZT. MITGEFÜHL IST NICHT IMMER EINFACH, ABER ES LOHNT SICH IMMER.

Es gibt einen Unterschied zwischen »Raum« und »Trennung«. Wenn dein Partner um etwas Raum bittet, um seinen Kram in Ordnung zu bringen – Arbeit, familiäre Belange, Angelegenheiten von Herz und Verstand –, dann akzeptiere das, so gut du kannst. Kontaktabbruch ist wichtig, um ihm den Raum zu geben, den er braucht, um Klarheit zu finden, aber es muss ein gemeinsam vereinbartes Enddatum geben, sonst wird es unfair für dich bzw. die Beziehung.

(Ich empfehle: nicht mehr als einen Monat.)

(Und, unter uns, wenn er mehr als einen Monat ohne dich seine Probleme durcharbeiten will, war die Beziehung vielleicht nicht so intakt, wie du gedacht hast.)

LIEBE DICH SELBST ZUERST UND AM MEISTEN. DENN WENN ES HART AUF HART KOMMT UND DU UM 4 UHR MORGENS ALLEIN UND WEINEND IM BETT LIEGST, WER WIRD DANN FÜR DICH DA SEIN? RICHTIG: DU BIST ES, MEINE LIEBE.

Was kann EINE EINZIGE Nachricht schon anrichten?

Damit du nach einer Trennung vorankommst, brauchst du eine **Kein-Kontakt-Periode:** eine VOLLSTÄNDIGE und SYSTEMATISCHE Trennung von deinem Partner: visuell, akustisch und auch was den Textnachrichtenkontakt betrifft. Es ist entscheidend, ihn zu bitten, dich auch nicht zu kontaktieren, damit er nicht in deinem Posteingang auftaucht. Und wenn er trotzdem schreibt und es dich durcheinanderbringt (glaube mir, das wird es), kannst du einfach auf deine **Kein-Kontakt-Bitte** verweisen und seine Nachricht ansonsten ignorieren. Er wird irgendwann aufhören. (Anders als dein vitales, kräftiges Herz, das verspreche ich.)

Der dickste Brocken, um den ich dich bei dieser Trennung bitten werde, ist: dass deine **Kein-Kontakt-Periode 50 Tage, im Idealfall sogar drei Monate** dauert.

(Und im *idealen* Idealfall noch länger oder sogar für immer.)

Denn weißt du was? Wenn du Kontakt aufnimmst, ist es für dich wieder Tag 1. Du brauchst einen VOLLSTÄNDIGEN, sauberen 50-Tage-Schnitt.

Es interessiert mich nicht, dass ihr noch Freunde seid! Es interessiert mich nicht, dass es keine böse Trennung war! Es interessiert mich nicht, dass ihr noch in der gleichen Bude

Du hast mich zerstört.
Hat es Spaß gemacht, mein Leben zu ruinieren?
Ich vermisse dich jede einzelne Minute.
Bitte, bitte komm vorbei!

wohnt! (Eigentlich schon.) Du musst für eine Weile so tun, als ob dein Ex nicht existiert. Das ist es, was mich interessiert.

Eine Kontaktaufnahme mit ihm wird allenfalls Verwirrung stiften, Kummer und unnötiges Kopfzerbrechen bereiten und im schlimmsten Fall die Trennung hinauszögern.

Kümmere dich um dich, nicht um ihn. Sei DU, nicht WIR.

ALSO:

1. Wenn du kannst – also keine Kinder hast, die ihn anrufen –, ändere bitte den Namen deines Ex in deinem Telefon, um dich an die Kein-Kontakt-Periode zu erinnern. Zum Beispiel in **NICHT ANRUFEN** oder **NICHT DRANGEHEN.** Oder 💩💩💩💩💩. Oder ganz einfach: **Nein.**
2. Bitte deine Freunde, dir nicht zu sagen, dass sie deinen Ex gesehen oder Dinge über ihn gehört haben. Das ist NICHT HILFREICH. Wenn sie dich wirklich lieben, halten sie über ihn die Klappe und zeigen dir nicht seine Insta-Fotos.
3. Lösche deinen Ex als Facebook-Freund und folge ihm nicht mehr auf Instagram, Snapchat, Twitter und Co. Es spielt keine Rolle, dass das vielleicht zickig oder unhöflich rüberkommen könnte. Entweder wird er dich zuerst löschen und du wirst dich wie ein Stück Scheiße fühlen, oder du darfst ihm dabei zusehen, wie er mit seinem (fantastisch präsentierten, großartig anzuschauenden) Leben weitermacht, und du wirst dich wie ein Stück Scheiße fühlen. Also, in beiden Fällen: Scheiße. Schmeiß ihn überall raus – seine Freunde

und Familie auch. Sie werden es verstehen. Und wenn nicht, spielt das eine Rolle? Wen versuchst du zu beeindrucken? Es geht darum, dass du dich selbst beschützt.

4. Entferne alle Spuren von ihm und der Beziehung aus deiner Sichtweite. Das Anschauen alter Fotos oder Geschenke ist etwa so hilfreich wie ein Tritt in den Bauch. Pack alles in Kartons. Jetzt. Und rauf damit auf den Kleiderschrank.
5. Verwende dieses Buch als Stütze, wenn du down bist oder dich schwach fühlst. Ich bin hier, um dich zu stärken und zu beruhigen und ans Essen zu erinnern. Also los, iss jetzt etwas griechischen Joghurt mit Beeren, du musst hungrig sein.

Ich sag's noch mal, damit keine Unklarheiten aufkommen: Die Kein-Kontakt-Periode muss **mindestens 50 Tage** dauern.

Je schwerer du das findest und je mehr Widerstand du gegen eine 50-Tage-Kontaktsperre verspürst, umso nötiger ist sie für dich. Also reiß dich zusammen! Bei Nichtbeachtung bist du die Einzige, die die Konsequenzen (längeren Herzschmerz) trägt.

Finde Wege, positiv daranzugehen. Denk nicht an die 50 Tage, sondern konzentriere dich auf einen Tag nach dem anderen oder arbeite darauf hin, das Wochenende zu erreichen. Mach es zu einer Herausforderung für dich selbst, sei stolz auf deine Stärke und belohne dich für jeden Tag, an dem du es schaffst weiterzumachen, mit einer Kleinigkeit (Diamanten, Ponys, Jachten etc.). Mach daraus ein Spiel und du wirst garantiert gewinnen.

Und jetzt, wo wir beste Freundinnen sind, können wir offen miteinander sprechen: Du möchtest, dass er spürt, wie beschissen sein Leben ohne dich ist? Das kann er nur, wenn er wirklich ein Leben ohne dich führt! Also, verschwinde! Puff! Es wird dir ermöglichen, das Ganze störungsfrei und ohne Rückschläge zu verarbeiten. Es hilft dir auch dabei, etwas Kraft zurückzugewinnen (und du brauchst nach einer Trennung viel Kraft), während du gleichzeitig deinen Ex zwingst, sich mit der Trennung auseinanderzusetzen, darüber nachzudenken, was schiefgelaufen ist, und sich mit der Scheiße zu befassen, die er gebaut hat.

Kein Kontakt ist der beste Kontakt. Vertrau mir. Ich bin Gebrauchtwagenhändlerin.

HERZLICHEN GLÜCKWUNSCH!

BISHER HAST DU 100% DEINER BESCHISSENSTEN TAGE ÜBERLEBT! DU SCHAFFST DAS UND DU MACHST ES GROSSARTIG.

Sollte ich mich in einem Fitnessstudio anmelden?

Ja, solltest du!

Trennungen verschaffen dir die Möglichkeit, an dir zu arbeiten – emotional und mental, aber natürlich auch körperlich. Du kannst dir eine Trennung als Zeit in einem emotionalen Gefängnis aus Wut und Kummer vorstellen. Und was machst du im Gefängnis, um die Zeit zu vertreiben? Richtig: Du trainierst! Und stichst dir schlechte Tattoos. Aber vor allem trainierst du. Du knipst dein Hirn aus, schaltest den Körper an und erwirbst fast nebenbei unglaubliche Bauchmuskeln.

Außerdem ist es ein Zeichen von Selbstliebe. Sicher, es macht Spaß, ein paar Wochen lang nur von Wein und Chips und XL-Schokoriegeln (oder mache das nur ich?) zu existieren, während die Trennung frisch ist, aber irgendwann musst du dich wirklich, WIRKLICH um dich kümmern, dich wertschätzen, richtig essen und deinen Körper bewegen. Es ist mittlerweile durch viele Studien erwiesen, wie gut Bewegung bei Depressionen und Stress hilft. Sobald du deinen traurigen Kopf an die frische Luft bewegst, um mit Musik auf den Ohren zu joggen, wirst du das am eigenen Leib erfahren.

EMOTIONALES FITNESSSTUDIO

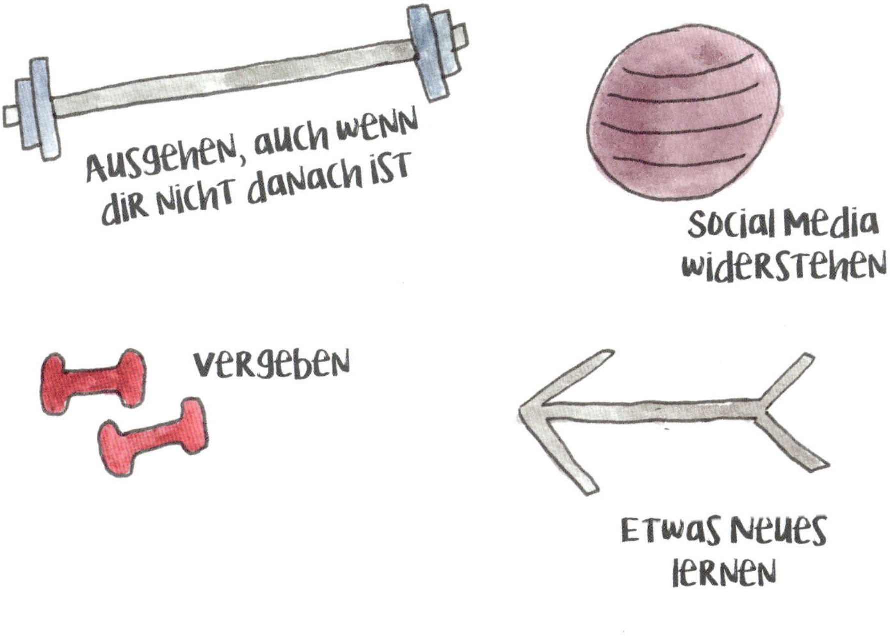

Wenn du immer noch wirklich sauer auf deinen Ex bist – und das ist wieder ein Punkt in der »Ehrlichkeit-zwischen-Freundinnen«-Kiste –, verschwende diese Energie auf keinen Fall. Nutze sie, um dich zum Training zu zwingen, das dich in das muskulöse, fitte, geschmeidige Etwas verwandeln wird, das schon immer in dir steckte, bisher aber zu stark an Nudeln und zu wenig an Sport interessiert war.

Die Motivation, dich zu verwandeln, damit dein Ex dich wiederhaben möchte, ist allerdings ein falscher Antrieb. Das sei hier laut und deutlich gesagt. Wenn allerdings die Vorstellung, dass dein Ex dein neues fittes Ich sehen könnte, dir im Gefühlschaos nach der Trennung die Kraft gibt, gute neue Gewohnheiten anzunehmen, während dein Herz langsam heilen kann – bestens! Glaube nur nicht fälschlicherweise daran, dass das Steigern von körperlicher Attraktivität deinen Ex zurückgewinnen oder dich glücklich machen kann. Wen kümmert es überhaupt, was dein Ex denkt? Es zählt ausschließlich das, was du in deiner neuen Jeans denkst, alles andere ist egal.

Anders als Hollywood uns vorgaukelt, bedeutet Älterwerden nicht automatisch Zufriedenheit, Weisheit, Glück und Zuversicht. Aber jede Trennung, die du durchmachst, trägt enorm dazu bei. Denn jedes Mal, wenn du dich mit jemandem verbindest und dich dann mutig durch das Ende dieser Verbindung navigierst, bist du gezwungen zu wachsen, zu beurteilen, was schiefgelaufen ist. Und darüber nachzudenken, woran du arbeiten musst und was du an und von einem Partner brauchst und was nicht.

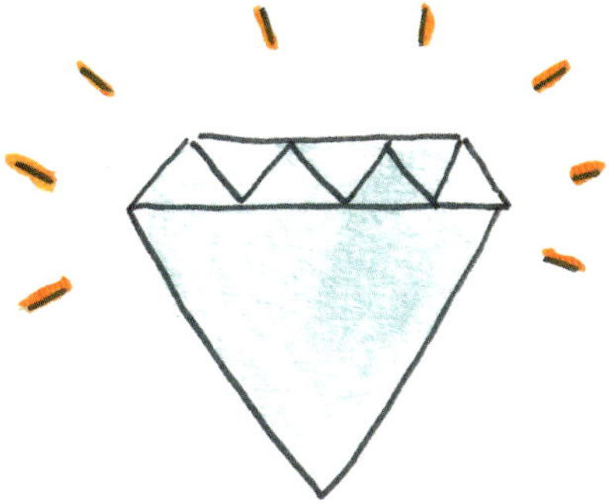

EIN TEIL DEINER HEILUNG UND DEINES FORTSCHRITTS BESTEHT DARIN, WIRKLICH ZU GLAUBEN, DASS DU EIN HAUPTGEWINN BIST. EIN TOTALER GEWINNER. EIN UNWIDERSTEHLICHER KLEINER MUFFIN, MIT MAGISCHEM NEKTAR ÜBERZOGEN, DER ALLE BIENEN ANZIEHT.

Du musst eine wirklich beschissene Zeit überstehen und wieder auf die Beine kommen, um zu funktionieren … und dann langsam das emotionale Gleichgewicht wiedererlangen … **bis du eines Tages strahlst wie ein fetter Diamant**.

Ich glaube fest an sich selbst erfüllende Prophezeiungen und die Kraft deines Unterbewusstseins. Woran auch immer du denkst, du wirst es schaffen, das ist mein Lebensmantra. Und das funktioniert übrigens unabhängig davon, ob das, woran du denkst, gut oder schlecht ist. Wenn du in einem ständigen Kreislauf von Traurigkeit, Niedergeschlagenheit und Wut feststeckst, wird diese Realität weitergehen. Wenn du dein Denken aktiv änderst, auch wenn es nur ein wenig auf einmal ist, und Bestätigung bekommst, an die du glaubst (du musst unbedingt den Film *The Secret – Das Geheimnis* ansehen), werden sich die Dinge zu ändern beginnen. Deine Gedanken werden zu Dingen und deine Worte zu deiner Welt. Also stelle sicher, dass du die Kontrolle über sie übernimmst und sie dir dienen.

Warum nicht mit etwas Simplem wie der folgenden Aussage beginnen. Es kann nicht schaden.

ICH BEGREIFE DIESE TRENNUNG ALS DAS GESCHENK, DAS SIE IST, UND ICH BIN DANKBAR FÜR DIE WUNDERBAREN MÖGLICHKEITEN, DIE SIE MIR JEDEN TAG BIETET.

»Mach niemals jemanden zu deiner 1. Wahl, während du zulässt, für ihn nur eine von mehreren Möglichkeiten zu sein.«

Mark Twain

»Ganz meine Meinung!«

Zoë Foster Blake

Die sozialen Netzwerke machen mich fertig

Abgesehen von Tequila und Fotoalben sind die sozialen Netzwerke während deiner Trennung deine ABSOLUTE SCHWACHSTELLE.

Zunächst, weil du jeden Beitrag und jeden Foto-Upload deines Ex verfolgen kannst und jedes Wort und jedes Bild bis zum Wahnsinn überdenkst (OMG, er isst einen Hotdog. WIR haben früher Hotdogs gegessen! Es ist ein Zeichen, dass er wieder mit mir zusammenkommen will!). Aber auch, weil hier der schnellste Weg liegt, deine Würde zu verlieren.

Wir haben es heutzutage nicht leicht. Jede von uns hat mindestens fünf Möglichkeiten, mit ihren Exfreunden jederzeit von überall aus Kontakt aufzunehmen und sie anzuschauen. Außerdem sind da all die Geschichten, die in deinen WhatsApp-Archiven, auf deinem Facebook-Account und auf Twitter fröhlich weiterleben … es ist zum Kotzen. Früher (1998) hatte man vielleicht ein paar Fotos in Papierform, und wenn man versuchte, mit seinem Ex in Kontakt zu treten, musste man den Mut aufbringen, ins Festnetz zu gehen (nur um einen Anrufbeantworter oder einen kaltherzigen parteiischen Bruder oder Mitbewohner an die Strippe zu bekommen, der dreist log, dass der Ex nicht zu Hause sei).

Aber glaube mir. Es ist nicht unmöglich. Ich mag dich, traurig und wütend, wie du gerade bist, und ich möchte wirklich, wirklich, dass du in dem wirklich, wirklich wichtigen Prozess der Nachtrennungs-Heilung vorankommst. Ein wichtiger Punkt dabei ist die Aufrechterhaltung deiner Selbstachtung und Integrität als erwachsene Frau.

EMOTIONALE FOLTERWERKZEUGE

Also, fang an zu **löschen.**

- Lösche jeden verdammten digitalen Köder.
- Hör auf ihm auf seinen Social-Media-Accounts zu folgen und blockiere sie alle.
- Lösche seine E-Mails und Texte (drucke und archiviere ein paar, wenn es sein muss – dann aber hoch auf den Schrank damit!).
- Lösche alle Fotos von ihm und euch zusammen (fürs Ausdrucken und Archivieren gilt dasselbe wie bei den E-Mails, Stichwort Kleiderschrank!) und lösche definitiv alle sexy Videos, Fotos und Nachrichten. (Dies ist eine Trennung! Du brauchst das Zeug nicht mehr, es verstopft nur deine Festplatte und mindert deine Chance, irgendwann Kanzlerin zu werden.)
- Lösche deine Chat-Verläufe und deaktiviere die automatische Foto-Rückblick-Funktion bei Facebook/iPhone.

Und, hey. Keine Tricks! Bleibe nicht in Kontakt mit gemeinsamen Freunden oder seinen Verwandten. Du weißt, was du tust, und ich weiß es ebenso. Auch sie müssen gehen.

Noch etwas. Widerstehe der Versuchung, das »Mir-geht's-so-großartig«-Spiel zu spielen, indem du Fotos, Outfits, Orte und Personen postest, nur weil du weißt, dass sie ihn erreichen. Das hast du nicht nötig.

Deine süßeste Rache ist es, gut zu leben, was unmöglich ist, wenn du dich weiterhin in den Kopf, die Welt oder das Telefon deines Ex zurückschleichst. Gib dir selbst, ihm und der Trennung Raum. Du hast bei der Trennung die Fäden in der Hand, erinnerst du dich? **Du kannst das schaffen. Und du wirst es!**

ES KANN SEIN, DASS DEIN EX NICHT AN DICH DENKT. (SORRY!) ER DENKT AN SEINE ARBEIT, ANS ABENDESSEN ODER SEIN KAPUTTES HANDYDISPLAY. WENN DAS FÜR IHN GUT IST, SOLLTE ES DAS AUCH FÜR DICH SEIN.

Ex-Stalking
So läuft's:

1. Ein »wohlmeinender« Bekannter zeigt dir ein Foto deines Ex, der den Arm um eine hübsche Frau gelegt hat.
2. Ich komme damit super klar! Mir egal.
3. Nur mal kurz schauen, wie armselig die beiden sind. (Ich komme damit total gut klar.)
4. Du musst diese mysteriöse Frau doch irgendwie in den Social-Media-Kanälen aufspüren können … ihre Tweets, ihre Vorlieben, ihr Lieblingscafé und ihren Eyeliner. Sie scheint wirklich toll zu sein. »Ganz aus Versehen« likest du einen ihrer Posts und schaffst es dann doch aufzuhören.
5. Nicht wirklich. Vier Stunden später bist du zu einem Wrack mutiert.
6. Du sendest deinem Ex eine wütende Nachricht zum Thema Respekt.
7. Du findest heraus, dass die Frau seine Cousine ist.
8. Du bereust deine Nachricht und wie du den Tag verplempert hast und das Leben im Allgemeinen.

Ich werde nie wieder glücklich sein

Ich kann dir hier und jetzt versichern, als beste Freundin, dass du mit einer Sicherheit von **100 % wieder glücklich** sein wirst. Natürlich wirst du das!

Du wirst Glück erleben, das du mit jeder Faser deines Körpers spürst. Glück wie Wind in deinem Haar und Sonne auf deinem Gesicht. Glück, das dich völlig umwirft. Du kannst das nicht glauben? Willkommen im Club der frisch Getrennten. Dein Trainingsanzug liegt da drüben. Da lang geht's zum Trainingsraum.

Es wird aber ein bisschen dauern …

Eines Tages wirst du nicht mehr weinen. Dann, etwas später, wirst du etwas anderes als Eis und Weißwein zum Abendessen im Haus haben. Bald darauf wirst du Jeans statt Jogginghosen tragen. Dann dauert es nicht mehr lang, und du wirst einschlafen, ohne deinen Ex online zu stalken, obwohl ich dir 538-mal gesagt habe, dass du diesen Scheiß lassen sollst. Und ehe du dich's versiehst, werden deine Freundinnen dich mit sanftem Druck überredet haben, dich schick zu machen und zum Abendessen zu kommen, und du wirst lachen und dich wirklich gut fühlen.

Natürlich wird es Rückschläge und Ausrutscher geben.

Vielleicht lässt du dich auf einen Drink ein, bevor du wirklich bereit bist, und kehrst nach zwei Stunden unter Tränen zurück nach Hause. Oder du angelst dir einen Kerl und hast einen Zusammenbruch in seinem Bett. Einmal, als ich frisch Single war, fuhren zwei Freundinnen und ich für ein Mädelswochenende nach Byron Bay. Wir hatten viel Spaß, bis wir dachten, es wäre eine gute Idee, eine Hellseherin zu befragen. Was sie sagte, hat mich völlig aus dem Gleichgewicht gebracht, ich fühlte mich in einer fremden Stadt gefangen, panisch und am Boden zerstört und schrecklich traurig. Wir mussten den Ausflug abbrechen und ich wechselte während der gesamten zehnstündigen Heimreise zwischen Angstattacken und tiefem Schluchzen hin und her. (ALSO: KEINEN KONTAKT ZU WAHRSAGERN ODER HELLSEHERINNEN ODER ÜBERHAUPT JEDEM MIT LILA SCHAL UND KRISTALLHALSKETTE, WENN DU FRISCH GETRENNT BIST. GANZ SCHLECHTE IDEE!)

Aber es geht vorbei. Das alles ist Teil des Prozesses. Vertraue dem Prozess.

»Herzen sind dazu da, gebrochen zu werden«, sagte Oscar Wilde, und wir glauben ihm, weil er klug war und seine Zitate überall auf Instagram auftauchen. Niemand kann sich ohne harte Zeiten durchs Leben hangeln, so läuft es einfach nicht. Es ist Teil des Menschseins, genauso wie sich gut zu fühlen. Es gibt Höhen und Tiefen, und obwohl du dich gerade in einem verregneten, sumpfigen Tal befindest, hast du bereits mit dem Aufstieg zum herrlichen, sonnigen Gipfel begonnen.

Du kannst dir heute nicht im Entferntesten vorstellen, wie glücklich du in einem Jahr sein wirst.

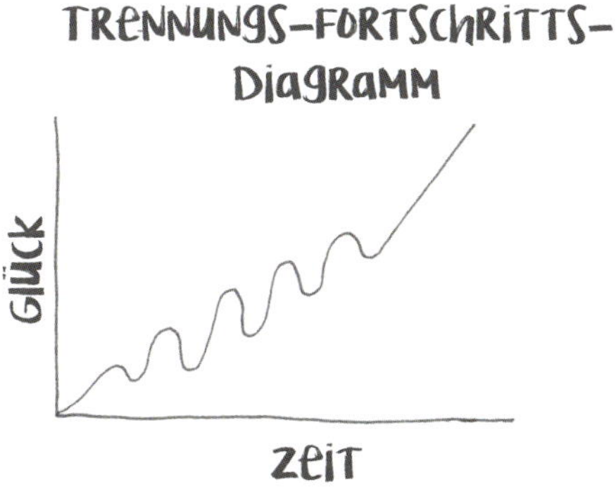

Wichtig: Wenn du dir überhaupt nicht vorstellen kannst, je wieder glücklich zu sein, dich absolut hoffnungslos fühlst, dich selbst oder andere verletzen willst, wenn die Trennung bereits sechs Monate her ist und die depressiven Gefühle dich einfach nicht verlassen, ermutige ich dich, Kontakt zu einem Profi aufzunehmen, der gelernt hat, Menschen zu helfen, die sich zutiefst traurig fühlen und keine Hoffnung verspüren. Es lohnt sich und es ist wichtig. Deine Freunde, deine Familie und der total süße Trennungs-Coach (ich!) können dir an dieser Stelle nicht weiterhelfen. Suche bei Google nach Psychologen in deiner Nähe. Bitte, mach das sofort. Nach meiner Erfahrung bieten diese Menschen wunderbar tröstende, sichere Orte, an denen du deinen Schmerz loslassen und daran arbeiten kannst, dich besser zu fühlen – Schritt für Schritt. Du wirst geliebt und du bist liebenswert.

Ich weiß das. Aber entscheidend ist, dass *du* das wieder weißt.

Was fange ich bloß mit meiner ganzen Zeit an?

Eine Freundin von mir machte eine böse Trennung von einem Kerl durch, der sie wie eine Dienerin behandelt und mit ihr Schluss gemacht hatte, weil er sich eingeengt fühlte. Sie war unglücklich über die Trennung. (Ich nicht: *Bye-bye, Blutsauger.*) Also ignorierte sie die Trennung einfach und machte weiter, als ob sich nichts geändert hätte. Sie rief ihn täglich an und schickte ihm Nachrichten (statt »Hallo Schatz, welchen Film sollen wir uns angucken? 😊« schrieb sie »Ich bin so traurig, was könnte ich anders machen, warum, warum usw.«). Sie ging bei ihm zu Hause vorbei und sie wollte sogar Sex mit ihm, obwohl er sagte, dass das falsch wäre, und sie wegschob. (Kluger Mann!)

Wie viele frisch getrennte Frauen lebte meine Freundin in der kleinen Gemeinde »Total-Verleugnung«, wo sie sich gerade selbst zur Bürgermeisterin ernannt hatte. Unwillig, die Gewohnheiten des letzten Jahres aufzugeben, entschied sie sich einfach … dagegen. Das ist normal und kann passieren, besonders wenn du die Verlassene bist. Aber es ist ungesund und muss aufhören.

Du wirst bald neue schöne Gewohnheiten entwickeln, aber wenn du frisch Single bist, kannst du dir das nicht vorstellen. Du willst nur Sicherheit und Komfort und Vertrautheit. Was du vor dir hast, ist hart und beschissen. Es tut höllisch weh und ist vergleichbar mit Drogen-Entzugserscheinungen.

Aber du wirst das überstehen.

Es ist ein großer und wichtiger Teil des Fortschritts, der mit der Trennung einhergeht. Glaubst du, dass es einer Raupe Spaß macht, in einem engen, dunklen Kokon gefangen zu sein, bis sie zu einem Schmetterling werden kann? Wahrscheinlich nicht. Aber dies ist ein entscheidender Wachstumsmoment für dich und einer, den du aushalten musst. Du kannst nicht in der Zeit zurückgehen und vorwärtsgehen auch nicht, du musst jetzt einfach hier sein, dich zusammenreißen und das Beste daraus machen. Also, tu es.

- Mach mindestens drei Termine pro Woche aus. Geh zu deiner Mutter zum Abendessen. Ein Film mit einem Freund. Frühstück am Wochenende mit einem Arbeitskollegen. Knall deine Woche so voll, dass sie darum bettelt, kürzer treten zu dürfen.
- Auch wenn es umstritten ist: Triff dich mit einer alten Flamme oder einem männlichen Kumpel (an dem du überhaupt nicht interessiert bist) zum Mittagessen oder auf ein Getränk. Dein Ego wird gestreichelt, du wirst dich interessant fühlen und es vergehen ein paar Stunden, die du zu Hause damit verbracht hättest, Serien zu gucken.
- Suche dir ein großes, zeitaufwendiges Projekt. (Ich habe einmal ein Buch geschrieben, um mich von einem frustrierenden Typen abzulenken.) Du könntest an deiner Fitness

Trennungs-Phantomschmerzen

arbeiten. Fang mit Marathon-Training an. Beginn die Arbeit an einem Blog. (Denn – mehr Blogs braucht die Welt.) Backe leckeres Zeug für alle deine Freunde. Verschönere deinen Garten. Fang mit Glücksspiel an. (Das war ein Witz.) Wenn das alles nicht funktioniert, ist es an der Zeit, andere Saiten aufzuziehen.

Stell dir vor, du bist dein Ex. Du siehst, wie dein Name (wieder) auf deinem Handy erscheint. Du rollst die Augen und sagst zu einem Kumpel: »Mein Gott. Sie kapiert's einfach nicht. Ich will nichts von ihr hören! Sie ist mir eigentlich nur noch peinlich. Sie braucht ein eigenes Leben.«

Autsch. Fühlt sich nicht gut an, oder? *Gut.* Ich möchte, dass du dich schlecht fühlst, damit du dich nicht mehr an ihn ranmachst. Jetzt zieh schon deine Turnschuhe an und geh raus.

EIN ERFÜLLTES LEBEN HÄNGT NICHT VON EINER ANDEREN PERSON AB. SINGLE ZU SEIN IST DIE BESTE ZEIT, UM DARAN ZU ARBEITEN, FÜR DEIN GLÜCK SELBST VERANTWORTLICH ZU SEIN. DER RICHTIGE PARTNER WIRD DIESES GLÜCK STEIGERN, ABER ER WIRD NICHT DAFÜR VERANTWORTLICH SEIN.

Ich bin traurig. Immer noch so tieftraurig.

Lass alles raus, mein liebes, trauriges Knautschgesicht. Besser draußen als drinnen.

Manchmal wirst du panisch nach Luft schnappen, manchmal wirst du von einer Erinnerungsflut überschwemmt, gefolgt von der Erkenntnis, dass du diese Dinge nie wieder mit deinem Ex machen wirst. Und manchmal wirst du denken, dass du stark bist und damit klarkommst, aber dann wird irgendein Idiot deinen Ex erwähnen, und wieder heulst du leise vor dich hin.

All das ist in Ordnung.

Wie auch immer du dich fühlst, es ist völlig in Ordnung. Es ist ein wesentlicher Bestandteil des Trennungsprozesses und nichts, das man umgehen kann, indem man mit einem Cocktail in und einem sexy neuen Lover an der Hand auf Mykonos herumsitzt. Weine, wenn du musst, schlurfe den ganzen Tag in deinen Trennungsschlappen herum, quatsche deine Freundinnen damit voll, was für ein Stück Scheiße dein Ex ist. *Sei* einfach in diesem chaotischen, traurigen, verzweifelten Zustand: Versuche nicht, ihn zu managen oder zu kontrollieren. (Das wird früh genug kommen: Vertrau mir.)

Lass die Gefühle raus, verdammt: Lass sie zu! Kämpfe nicht gegen sie an. Je mehr du sie bekämpfst, desto zäher werden sie bei dir bleiben, nur um dich zu ärgern, wie eine Mücke oder wie Make-up auf einem weißen T-Shirt. Bitte die Gefühle herein, gieße ihnen einen Drink ein und lass sie für eine Weile die Regie übernehmen. Betrachte sie als ungezogene Kinder: Wenn sie ihr Ding frei und ohne Einschränkung durchziehen dürfen, werden sie bald das Interesse verlieren.

Wer ist am traurigsten?

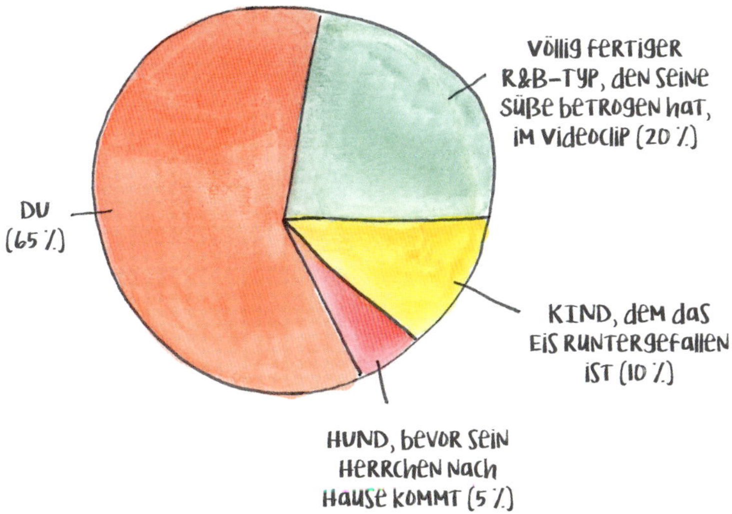

Versprich mir einfach Folgendes:

- Du bist, was deinen Ex betrifft, vorerst auf vollem Entzug. Nicht ein einziger Anruf, keine E-Mail oder Nachricht. Bitte. Ernsthaft. Es ist so unglaublich wichtig, dass du Raum hast, um das Geschehene zu verarbeiten. Denk daran: 50 Tage.
- Vergieße gute, herzzerreißende, unfassbar große Tränen, wann immer du willst.
- Alkohol nur mit mindestens einer anderen Person. Nicht allein.

Außerdem, wo ich dich gerade dranhabe: Was wird deine Trennungs-Trophäe sein?

Eine Trennungs-Trophäe ist etwas, das du tust, erschaffst, kaufst oder erreichst – etwas, das bedeutet, dass du durch die Trennungsphase gekommen bist. Es kann ein Ziel oder eine Belohnung sein – alles, was dich auf der Spur zum »Endpunkt« hält.

Es könnte ein Halbmarathon sein. Ein schöner Urlaub mit Freunden. Ein neues Auto. Der Kauf eines schönen Bildes. Oder selbst eins malen. Etwas, das dich den Stolz fühlen lässt, erfolgreich durch den Sumpf der Trennung gewatet und am anderen Ende als Heldin wieder rausgegangen zu sein.

Es gibt eine alte buddhistische Weisheit, die besagt, dass der Schmerz unvermeidlich ist, das Leiden daran aber optional. Du kannst wählen. Und das tust du!

OMG – er ruft an!

Nein, tut er nicht. Hör auf, durch die Wohnung zu tigern und zum Telefon zu hechten, sobald es klingelt, in der Hoffnung, er könnte es sein. Hör auf, ständig deine Mails zu checken, dein Handy über Nacht anzulassen und deine Nachrichten während des Yogakurses abzurufen.

Mir ist klar, wie schwer das ist – schließlich wart ihr ständig in Kontakt, möglicherweise über Jahre hinweg jeden einzelnen Tag, über alle möglichen Kanäle. Und jetzt verlange ich von dir, dass du dein Leben von heute auf morgen ohne all das fortsetzen sollst?!

Ich habe dir zu einer strikten mindestens 50-tägigen Kontaktsperre geraten und dass du dasselbe von deinem Ex verlangst.

Das bedeutet, dass er dich nicht kontaktiert, weil du ihn darum gebeten hast, und er das respektiert. So könnt ihr beide den Trennungsschmerz besser und schneller verarbeiten. Klingt gut. Super. Prima. Spitzenmäßig.

Tja – leider spielt dein Herz nicht so recht mit. Irgendwie hat es die Regel nicht verstanden. Um ehrlich zu sein, es erkennt kaum den Unterschied zwischen einer Regel und einer Möhre.

Denn auch wenn du ihn gebeten hast dich nicht zu kontaktieren, willst du natürlich, dass er genau das tut. WIE KANN ER

NUR SO KALT UND GRAUSAM SEIN? Wie kann er nicht einmal VERSUCHEN, dich zurückzugewinnen? Wie kann er sich unterstehen, genau das zu tun, worum du ihn gebeten hast, und vergessen, um dich zu kämpfen?

Dazu ein paar Gedanken:

- Was würde es bedeuten, wenn er um dich kämpfen würde? Rutschst du zurück in die Beziehung? Ist es das, was du willst? Also WIRKLICH willst? Arbeite vorher bitte, bitte, bitte die Checkliste ab Seite 132 durch!
- Es geht bei der Kontaktsperre nicht darum, sich gegenseitig zu verletzen, sondern darum, dich und deinen Ex (ja, so großzügig bist du!) zu beschützen, Schmerz zu verarbeiten und weiterzukommen.
- Die Kontaktsperre ermöglicht DIR Weiterentwicklung. Wer in deinem Telefon ist, ist auch in deinem Kopf. Und das ist nicht hilfreich bei der Verarbeitung der Trennung. Gib's zu, eigentlich weißt du das!
- Es ist genauso schwer, die Kontaktsperre selbst einzuhalten, wie auszuhalten, nicht kontaktiert zu werden. *Diese Gefühle sind völlig normal.*

Und übrigens – das obsessive Handychecken MUSS aufhören. Es ist ähnlich gesund für dich wie ein Spiritus-Smoothie. Lass das Handy im anderen Raum, stell es auf leise und verstecke es unter dem Sofa. Vereinbare mit dir selbst begrenzte Zeiten, zu denen du Nachrichten abrufst (z. B. täglich 8 Uhr, 12 Uhr, 16 Uhr und

Austausch nach der Trennung

So fühlt es sich jetzt an

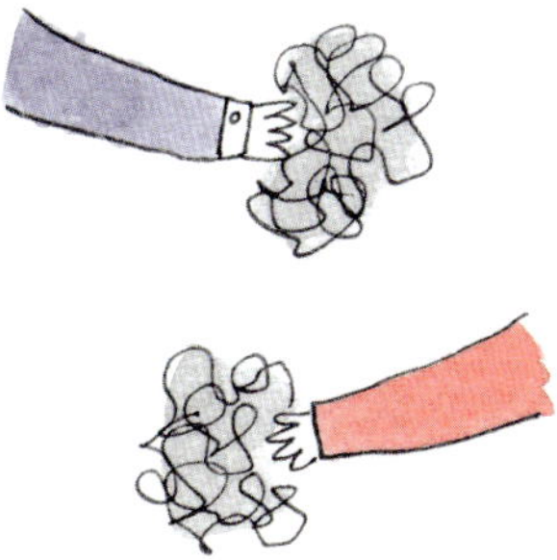

Austausch von Groll, Argwohn, Angst vor zukünftigen Beziehungen

So fühlt es sich in Zukunft an

Austausch von (Lebens-) Erfahrungen, (einiger) guter Erinnerungen, neuer Möglichkeiten

20 Uhr). Denk dir ein Belohnungs-/Bestrafungssystem aus. Wenn gar nichts hilft, wechsle auf Kommunikation via Fax.

Vielleicht könnt ihr eines Tages Freunde sein, wenn du und dein Ex die emotionalen Turbulenzen überwunden und vielleicht neue Partner habt. Aber es ist völlig unmöglich, solange auch nur einer von euch noch den Trennungsschmerz verarbeitet.

Wo soll ich nur mit all diesen verflixten Gefühlen hin?

Schreibe sie auf, du verrücktes Huhn! Hier findest du drei Möglichkeiten:

#1 DER NIE ABGESCHICKTE BRIEF

Ich habe nach schmerzvollen Trennungen Hassbriefe als sehr hilfreich und erleichternd empfunden.

Du schreibst deinem Ex einen Brief, in dem du es ihm wirklich gibst. Du beschreibst minutiös jeden Kummer, den er dir bereitet hat – die Art, wie er mit deiner Freundin Lou geflirtet hat, wie er deinen Job runtergemacht hat, dass er einfach davon ausgegangen ist, dass du alleine den ganzen Bali-Urlaub organisierst, wie seine ständigen Blähungen deine Nase beleidigt haben – einfach alles! Schreibe es ihm und male dir aus, wie er dasitzt und total geschockt ist von der Wahrheit deiner Worte. Sei gnadenlos. Fülle so viele Seiten, wie du brauchst, um dich auszukotzen.

Alles raus?

Prima. Jetzt **verbrenne den Brief.** Oder reiße ihn in winzige Stücke. Oder spüle ihn im Klo runter. Lies ihn nicht einmal mehr durch. Deine Gedanken und Gefühle sind auf ihn eingeprasselt wie Smarties. Es geht nicht darum, ihn noch mal zu korrigieren und zu überprüfen. Seine Aufgabe ist erledigt.

#2: DIE HÄSSLICHE WAHRHEIT

Das Nächste, was du schreibst – aber nicht wegwirfst –, ist eine ehrliche Beurteilung all der beschissenen Details. Schreibe in einer E-Mail (an dich selbst senden) oder auf einem Blatt Papier auf, wie du dich gerade jetzt fühlst, worüber du wütend oder verärgert oder traurig bist, was dich an deinem Ex oder der Beziehung sauer gemacht hat, was in der Beziehung schiefgelaufen ist, warum sie fehlgeschlagen ist, was dich verletzt hat, wie horrormäßig die tatsächliche Trennung ist, wie scheiße du dich auf einer Skala von 1 bis 10 jetzt gerade fühlst: all die schrecklichen und miesen Wahrheiten.

Das hebst du auf, ergänzt es, falls nötig, und greifst darauf zurück, solltest du sentimental werden und damit beginnen, die Beziehung zu verklären, oder sogar wieder mit ihm ins Bett wollen. Die Entscheidung wurde getroffen. Trennungen passieren sehr selten aus heiterem Himmel. Bleib bei deiner Entscheidung oder akzeptiere die Entscheidung deines Ex. Respektiere diese Trennung oder sie wird dir in den Arsch treten.

#3: POSITIV-LISTE

Es gibt nicht nur Grund, Trübsal zu blasen, sondern verdammt viel, worüber du dich freuen kannst. Also leg los und erstelle eine Liste all dessen, was positiv daran ist, dass du dein Leben jetzt ohne deinen Ex und die Beziehung führst. Das reicht von »Ich habe das Bett jetzt für mich allein« über »Es stört niemanden, wenn ich bis tief in die Nacht Fernsehen gucke« und »Ich kann einfach diesen Job in Kanada annehmen« bis zu »Ich muss keinen Freitagabend mehr mit seinen idiotischen Brüdern und seinem arroganten, sexistischen Vater verbringen«. Man konzentriert sich immer auf die negativen Aspekte einer Trennung, dabei gibt es so viel, worüber man sich freuen kann. Und als dein Coach bin ich hier, um dich mit der Nase auch auf diese Seiten zu stoßen.

Ich habe eine Spotify-Playlist erstellt, in der du beim Schreiben gaaaanz tief in deine Traurigkeit eintauchen kannst. (Und auch eine optimistische, positive, für den Fall, dass du anfängst, dich wieder stark und glücklich und wunderbar zu fühlen.) Gehe zu Spotify und suche nach *Break-up Boss*. Du hast ganz recht, damit erreiche ich nicht, dass du dich besser fühlst, weil die Songs wirklich traurig sind, aber Trauer ist genauso wichtig wie die Verschönerungs-/Neues-Outfit-Scheiße, die du in all den Trennungsfilmen siehst. Mein Wort darauf.

IST ES NICHT FANTASTISCH, IM FERNSEHEN ANZUSCHAUEN, WAS AUCH IMMER DU GERADE WILLST?

Ich hasse
ihn

Verflixt noch mal, ich
brauche einen Abschluss 95

Mein betrunkenes Ich lässt
das Team im Stich 99

Ich bin WÜTEND. Ich könnte
DUMMHEITEN machen. 102

Sonntags bin ich so
schrecklich down 105

Was, wenn ich meinen Ex
zufällig treffe? 112

Niemand versteht mich 118

SAG, DASS ES NICHT FÜR
IMMER SO WEHTUN WIRD 124

FRAGEN
1. Was läuft da mit dieser Julia?
2. Was hast du damit eigentlich gemeint?
3. Wie findest du meine Frisur wirklich?
4. Geht's dir genauso schlecht wie mir?

Verflixt noch mal, ich brauche einen Abschluss

Du kennst das bestimmt, dass jemand etwas Gemeines zu dir sagt und dir fällt zum Verrecken keine witzige Entgegnung ein – bis zu dem Moment, wenn du später allein unter der Dusche stehst …

Dasselbe kann bei einer Trennung passieren. Ihr habt das große Gespräch bzw. Geschrei oder einen tiefen, schmerzhaften, herzzerreißenden Moment – und dann verlässt normalerweise einer schnell die Szene, besonders wenn ihr Charaktere einer TV-Serie seid. Du könntest danach eine Nachricht schreiben oder anrufen, aber du könntest es auch nicht tun. Meine dringende Empfehlung: Lass es bleiben und bombardiere deinen Ex nicht mit romanhaften Textnachrichten, Anrufen oder langen, detaillierten E-Mails, während die Dinge frisch sind (es hilft nie weiter und du fühlst dich nur schlechter). Nimm dir stattdessen ein oder zwei Tage Zeit, um deine Gedanken zu ordnen.

Dann kannst du um ein persönliches Gespräch bitten, das im Idealfall ein respektvolles, höfliches Gespräch unter Erwachsenen sein wird und dir ermöglicht, alle Fragen zu stellen, die du hast, und alles zu sagen, was du meinst, sagen zu müssen. Wenn die Situation in Schreien, Tränen oder Wut ausartet – nun, das kann passieren. Aber je ruhiger du bleiben kannst – auch wenn du vor Wut zitterst, weil du betrogen wurdest, er dein ganzes Geld verzockt oder deine Geschäftsidee für Magnetsocken gestohlen hat –, desto mehr wirst du erreichen.

Auch wenn er unmöglich ist.

Auch wenn du wütend bist oder nicht aufhören kannst zu weinen.

Auch wenn du pinkeln musst.

Bevor all dies geschieht, schreibe eine Liste von allem, was du sagen oder fragen musst, und bitte ihn darum, deine Liste der Reihe nach abzuarbeiten. Dann kommt er an die Reihe. Verwende nach Möglichkeit mehr Zeit auf deine Liste als auf deine Frisur. (Kein Urteil. Haare okay = Selbstvertrauen.)

Sei dir im Klaren: Du bekommst keinen »Abschluss«. Wahrscheinlich niemals.

Ein Abschluss der Beziehung ist ähnlich wahrscheinlich wie ein Alkoholexzess ohne anschließenden Kater. Es ist ein Konstrukt, das in deinem Kopf geschaffen wurde, damit du dich fühlen kannst, als hättest du Beweise, um sicherer in deiner Entscheidung zu sein. Ein Trick, damit du das Gefühl hast, die Kontrolle zu haben, an der Macht zu sein und alle Antworten zu haben, die du brauchst, um voranzukommen. Der »Abschluss« ist vollgepackt mit deinen Erwartungen und Emotionen und deiner Perspektive, und selbst wenn du die Antwort bekommst, die du willst (»Ja, ich habe mit ihr geschlafen«), macht es nur das nächste Fass auf, für das du jetzt wieder einen Abschluss brauchst. (»Aber warum?«)

Sag, was du sagen musst, frag, was du wissen willst, aber erwarte nicht, dass du die Antwort bekommst, die du benötigst, um die Beziehung mit einem hübschen kleinen »Erledigt«-Aufkleber versehen zu können.

Falls du irgendwann etwas Ähnliches wie einen Abschluss fühlst, wird es **nichts mit deinem Ex zu tun** haben, sondern **aus deinem Inneren** kommen. Ich versuche in dein Hirn zu kriegen, dass dein Ex eigentlich nichts mit dieser Trennung und deiner anschließenden Heilung zu tun hat. Es ist alles in dir!

Und denk immer daran, dass der einzige Weg durch den ganzen Schlamassel nach vorne führt. Jedes Mal wenn du nach hinten schaust, stolperst du, fällst hin, musst wieder aufstehen und von vorne anfangen. Schau weiter nach vorne! Lass es sein, auf der Suche nach Antworten und Erklärungen zurückzublicken! Alles, was du brauchst, ist bereits in dir oder wartet auf dich auf dem weiteren Weg nach vorne. Es liegt nicht hinter dir.

IRGENDWO ZWISCHEN »SINGLE« UND »IN EINER BEZIEHUNG« GIBT ES DIESEN GROSSEN UND GROSSARTIGEN RAUM MIT DEM SCHILD »VERANTWORTUNG ÜBERNEHMEN UND DINGE ANPACKEN«. UND DA BIST DU GERADE. ALSO ÜBERNIMM VERANTWORTUNG UND PACK EIN PAAR DINGE AN.

Mein betrunkenes Ich lässt das Team im Stich

Dein betrunkenes Ich ist schuld. Es versteckt sich, solange du nüchtern bist, und füllt dann deinen besoffenen Kopf mit idiotischen, zerstörerischen Ideen. Es ist ein Stück Scheiße und du musst ihm gegenüber immer wachsam sein.

Angenommen, du gehst endlich mit ein paar Freunden aus, nachdem du dich wochenlang unglücklich zu Hause eingeigelt hattest. Du machst dich schick, fühlst dich gut, genießt in einer Bar Aperitifs und Snacks. Du hast Spaß – Doppelten-Wodka-mit-Ananas-Spaß.

Dein betrunkenes Ich flüstert dir auf der Toilette etwas ins Ohr: »Wirf einen schnellen Blick auf seinen Instagram-Account! Niemand wird es erfahren.« Gesagt, getan. Das erste Foto, das du siehst, zeigt deinen Ex SEHR NAH mit zwei Frauen zusammenstehen. Gut, auch mit Nick und Jan, aber vor allem: ZWEI FRAUEN.

»Er schläft mit ihnen«, zischt es in deinem Kopf. »Während du mit deiner schwachen Blase hier sitzt, bumst er sie wahrscheinlich.«

»Er trägt ein Hemd, das ich noch nie an ihm gesehen habe. Er ist glücklich. Ich interessiere ihn nicht mehr«, stöhnst du.

»Er gibt nur vor, glücklich zu sein, also rufst du ihn an!« Dein betrunkenes Ich besteht darauf.

»Nein, betrunkenes Ich! Zoë sagt, ich soll das nicht tun!«

»Zoë will nur nicht, dass du verliebt und glücklich bist. Du musst ihn anrufen und ihm sagen, wie sehr du ihn vermisst. Sonst verliebt er sich HEUTE NACHT noch ernsthaft in eine dieser Frauen und vergisst dich. Am besten gehst du sofort zu seiner Wohnung. Irgendwann muss er ja nach Hause kommen!«

»OMG, wie recht du hast. Genau so mache ich es.«

Erstaunlicherweise rollt dieses Programm ab, obwohl dein nüchternes Ich ganz genau weiß:

- dass du deinen Ex unter keinen Umständen kontaktieren darfst.
- dass Alkohol + Trennung + Handy eine absolute Scheiß-Kombi sind.
- dass du betrunken die Wahrheit über die Beziehung vergisst und dich nur an die schönen, sexy Seiten erinnerst.

Das musst du tun, damit dein betrunkenes Ich im Kasten bleibt:

- Betrink dich nicht, solange du instabil bist (du weißt, wann!).
- Schreibe mit Eyeliner NEIN auf dein Handgelenk, bevor du trinkst, damit du dich an die Kontaktsperre erinnerst.
- Gib dein Handy einer Freundin, bevor der Abend losgeht –

oder zumindest bevor du zur Toilette gehst.

- Halte die Verhaltensregeln für»Zufallsbegegnung mit dem Ex« (ab Seite 112) immer bereit, sodass du im Fall der Fälle nach Plan vorgehen kannst.

Und wenn dein betrunkenes Ich anfängt, die ganz harten Drinks zu ordern?

- Bestimme einen Sicherheitsbeauftragten, den du antextest oder anrufst, BEVOR du Kontakt zu deinem Ex aufnimmst. Auch wenn es zwei Uhr nachts ist.
- Gib geistesgegenwärtig dein Handy an eine Freundin ab.
- Verschütte deinen Drink – über dein Handy.

Natürlich ist der beste Weg, das betrunkene Ich nicht ans Ruder zu lassen und nüchtern zu bleiben.

Es mag langweilig oder unmöglich klingen, aber nüchtern zu sein ist definitiv das Beste, wenn man ein gebrochenes Herz hat. Aber ich bin Realistin. Also, wenn du trinken willst, sei klug. Hab einen Plan. Geh mit guten Freunden aus. Setzt eine Aschenputtelzeit an, bis zu der ihr nach Hause gehen müsst. Und keine harten Drinks!

Ich bin WÜTEND. Ich könnte DUMMHEITEN machen.

Aber das wirst du nicht! Denn wie wir alle wissen (wir sollten in Betracht ziehen, es uns auf das Handgelenk tätowieren zu lassen, um es nie zu vergessen): Die oberste Regel für das Verhalten nach der Trennung lautet: **SEI COOL, NICHT CRAZY.**

So sollte dieses Buch tatsächlich zuerst heißen. Egal ob du die Beziehung beendet hast und dir dein Ex so lästig ist wie Herpes an der Lippe oder ob du ihn als zukünftigen Vater deiner Kinder gesehen hast, der dich niemals hätte verlassen dürfen – während der Trennung darf das keinen Unterschied in deinem Verhalten machen.

Dein Verhalten beweist Höflichkeit, Würde und unverwüstliche Charakterstärke.

Du musst den Kopf oben halten, Schätzchen! Und eingeschaltet. Denn wenn der Herzschmerz frisch ist und die Emotionen auf Hochtouren laufen, kannst du dich dabei ertappen, alle Arten von Scheiße zu bauen und zu sagen. Scheiße, die du nicht zurücknehmen kannst. Scheiße, die dich im Rückblick erschauern lässt. Scheiße, die dich in den Knast bringen könnte.

Das kannst du besser!

Hier ein paar wahre Geschichten aus meinem Bekanntenkreis. Stell dir vor, du wärst das gewesen. *Stolz?*

1. Du gehst heimlich in die Wohnung von deinem Ex und legst dich nackt auf sein Bett, um seine Rückkehr zu erwarten. (Er ist ausgegangen, das weißt du, weil du ihn auf Instagram gestalkt hast.) Er kommt mit dem Mädchen nach Hause, mit dem er sich trifft, und findet dich nackt und bibbernd vor Kälte in seinem Bett. Du beschimpfst wüst das Mädchen und giftest herum, bis er droht, die Polizei zu holen, und du das Haus verlässt.
2. Du hackst seinen Facebook-Account, dessen Passwort du kennst, und fügst seinem Status ein paar interessante Informationen hinzu: über seine kürzlich diagnostizierte grässliche Geschlechtskrankheit, über sein tiefes Bedauern, seine wunderschöne Ex betrogen zu haben, die er um jeden Preis zurückzugewinnen will, und über seine Job-Lügen und seine wirkliche Tätigkeit als Callboy.
3. Du (dämlich, aber nicht ungewöhnlich) verbringst nach der Hochzeit eines gemeinsamen Freundes die Nacht mit deinem Ex. Am Morgen findest du eine Damenuhr in seinem Bad. Du bist außer dir vor Wut und schickst seinem Boss eine E-Mail, dass dein Ex in die Psychiatrie gebracht werden musste, was leider immer wieder passiere. Er brauche – auch wenn er selbst anderes behaupte – dauerhafte Betreuung.

In der frischen Wut einer Trennung oder aus dem blinden Wunsch heraus, wieder zusammenzukommen, können aberwitzige Rachepläne entstehen. Aber STOPP. Bleib cool und gelassen. Der wahre Charakter zeigt sich in Zeiten von Stress oder Umbrüchen, also lass uns deinen wahren Charakter sehen:

- Bist du die irrationale, wütende, destruktive Person, die Szenen ohne Rücksicht auf Konsequenzen macht?
- Oder bist du eine höfliche Person, die verletzt ist, das aber nicht um jeden Preis rauslässt? Denn das macht alles nur schlimmer.

Randbemerkung: Wenn du hoffst, wieder mit deinem Ex zusammenzukommen oder er zumindest einsehen soll, was für ein großer Fehler die Trennung war, hast du mit korrektem Verhalten 1000 % bessere Chancen, als wenn du um 3 Uhr nachts in besoffenem Zustand auf die Fußmatte vor seiner Haustür pinkelst (was dir zu diesem Zeitpunkt möglicherweise witzig erscheint).

Sonntags bin ich so schrecklich down

Ach herrje – die Sonntagstiefs.

Meine begannen normalerweise mit einem ausgewachsenen Kater, und während ich mich anfangs vielleicht noch freute, wenn ich mich an die lustige Nacht oder an eine wilde Knutscherei im Club oder an meinen besten Freund, der mir am Taxistand um drei Uhr morgens mit einem Milchshake zuprostete, erinnerte – mitten am Tag setzte erbarmungslos der Sonntags-Blues ein.

Der Mangel an Routine und Beschäftigung verstärkte meinen Solo-Status zutiefst, und da Sonntage nun mal die Thai-Food- und Jogginghosen-Zeit für glückliche Paare sind, war die Stille des Single-Daseins sehr, sehr laut. Ich blickte einer weiteren Woche entgegen, die schrecklich viel Energie erforderte: die Gefühle der Trennung zu unterdrücken, Ja zu allem zu sagen und so zu tun, als wäre ich glücklich und alles bestens und rosarot.

Ich tat mir selber sehr leid. Der Kater machte mich depressiv. Die Unsicherheit, keine Pläne zu haben, machte mich ängstlich. Mein Telefon, das am Vortag noch voller Aufregung gesummt hatte, lag nun quälend still da. Wenn ich in der vergangenen Nacht meinen Ex gesehen oder kontaktiert hatte, bedauerte ich dies nun zutiefst, worin auch immer diese Interaktion bestanden hatte.

Ich putzte meine Wohnung, machte meine Wäsche, aß Tiefkühl-Pommes, immer mit dem Bewusstsein, dass vor mir der unglaublich lange, schreckliche, stille Abend lag.

Sogar wenn du nicht trinkst, um sechs Uhr morgens aus dem Bett federst und zu Pilates gehst, um im Anschluss Muffins zu backen und dich mittags mit Freunden zum Brunch zu treffen, bist du nicht immun gegen den Sonntags-Blues. Sonntag ist einfach von Natur aus ein stillerer Tag. Ein Tag, den glückliche Paare für ein spätes gemeinsames Frühstück und die Urlaubsplanung nutzen, ein Tag, an dem fröhliche Familien Radtouren

machen, und das alles nur, um dich mit der Nase darauf zu stoßen, wie einsam du bist (nicht allein und glücklich – das geht ja auch –, sondern zutiefst einsam und verlassen).

> AN: MEINE GEFÜHLE
> BETRIFFT: HERZLICH WILLKOMMEN
>
> ---
>
> Liebe Gefühle,
> heute Abend Zeit? Kommt gern auf ein kurzes Treffen ab 18 Uhr vorbei. Für Trinken, nette Gesellschaft und Musik ist gesorgt!
> Euer Trauerkloß

Sogar Menschen ohne gebrochenes Herz bekommen den Sonntags-Blues. Der erste Tag der Arbeitswoche rückt näher, das freie Wochenende verblasst schon. Du hast lange geschlafen und den ersten Kaffee um 16 Uhr getrunken – und jetzt ist es 23 Uhr und du bist hellwach. Eine einzige Katastrophe!

Und, um die Sache noch schlimmer zu machen, ist es an Sonntagen viel wahrscheinlicher als sonst, dass du von deinem Ex hörst. Er ist auch nicht immun gegen den Sonntags-Blues. Er ist auch verkatert. Er fühlt sich allein und hat Lust auf Sex. Stolpere bloß nicht in diese Falle! Sieh Sonntagabende als eine sechsstündige Prüfung deiner Stärke und Willenskraft, Trennungen zu überwinden und Schritte in Richtung Zukunft zu machen.

Denk daran: Du allein bestimmst, wie die Trennung verläuft. Du bestellst die Drinks. Du bist standhaft und stark.

Und das kannst du tun:

- Verlege so viel von den Dingen, die du üblicherweise am Samstag erledigst, auf Sonntag, damit du beschäftigt bist und dich produktiv fühlst. Familienbesuche, dir die Nägel machen, auch den ungeliebten Mist wie Extraarbeit, Essensvorbereitung oder Putzen. Denn auch stumpfe Routine kann gut gegen miese Gefühle sein.
- Ehrenamtliche Arbeit wird deine Stimmung unendlich heben. Menschen (oder Tieren) zu helfen, die es wirklich brauchen, ist nicht nur eine fantastische Ablenkung, sondern eine positive, produktive und selbstlose Möglichkeit, dein Leben zu verbessern und darüber hinaus das Leben anderer Menschen.
- Zwinge dich zu irgendeiner aktiven Freizeitgestaltung am Sonntagabend, anstatt Trash-Fernsehen zu schauen und dein Telefon 1000-mal zu checken.
- Geh ins Kino oder zum Essen aus – mit anderen Worten: Bleib in Bewegung.
- Sport. Nicht ächzen und stöhnen, nicht zur lästigen Pflicht machen, sondern einfach Kopfhörer aufsetzen und loslegen.
- Lass dich nicht mit deinem Ex ein. Entwirf so viele Texte, wie du willst, aber schicke sie nicht ab. Weine und fühle dich elend, während du auf dein Handy starrst, wenn er anruft, aber **geh nicht dran**. Es wäre ein großer Schritt zurück.
- Ziehe in Erwägung, am Sonntagabend statt samstagabends auszugehen. Auch wenn es umstritten ist: Eine Freundin von

mir schwört darauf, weil sie findet, dass es besser sei, einen Werktag an einen Kater zu verschwenden als ihren freien Tag. Kann man so sehen …

- Mach mir ein paar Cupcakes und schicke sie rüber. Ungefähr 50 sollten reichen …

Und hier ein paar Dinge, an die du dich erinnern solltest, wenn die schweren Gedanken anfangen, dich zu überwältigen:

- Du kannst nicht richtig glücklich werden, wenn du richtige Traurigkeit nicht kennst.
- Kein Mensch ändert sich grundlegend: Dein Ex ist heute nicht anders als früher. Dass du traurig bist, heißt noch lange nicht, dass er fantastisch ist.
- Verwechsle nicht »hart« und »schmerzhaft« mit »Liebe« und »echt«.
- Gib nicht seiner neuen Partnerin die Schuld. Es geht nicht um sie. Oder deinen Ex. Nur um dich.
- Verwechsle nicht die vorübergehende Einsamkeit mit »Wieder zusammenzukommen ist eine gute Idee«.
- Deine Gefühle haben keine Priorität für deinen Ex. Er hat seine. Du hast deine.
- Wenn er darum bittet, dich zu sehen oder mit dir zu sprechen: nein. Kannst du nicht widerstehen, plane das Treffen in einer Woche. (Du wirst bis dahin wieder stark sein und absagen.)

- Du bist nie wirklich allein, weil du dich selbst immer hast. Und wenn du nicht die richtige Gesellschaft für dich bist, dann solltest du daran wirklich etwas ändern.

EIN ERFÜLLTES, PULSIERENDES LEBEN ZU FÜHREN SOLLTE DEIN OBERSTES ZIEL SEIN. (DAS GILT NATÜRLICH AUCH FÜR MENSCHEN IN BEZIEHUNGEN.) WENN DU DIE BESTE, GLÜCKLICHSTE UND ZUFRIEDENSTE VERSION VON DIR SELBST BIST, WIRST DU EIN FANTASTISCHES LEBEN HABEN. (AUSSERDEM STEIGT DIE QUALITÄT DER BEZIEHUNG, DIE DU ANZIEHEN WIRST, UM ETWA 4000 %.)

DASS DU TRAURIG BIST, HEISST NOCH LANGE NICHT, DASS ER FANTASTISCH IST.

Was, wenn ich meinen Ex zufällig treffe?

Trägst du ein riesiges Hühner-Kostüm, wie ich es dir geraten habe? Dann wird er dich nicht sehen, du bist in Sicherheit. Falls dein Hühneranzug in der Wäsche sein sollte und es keine geeigneten Bäume gibt, um dich dahinter zu verstecken, brauchst du einen Plan.

Egal ob du nach der Trennung der glückliche Part oder der mit gebrochenem Herzen bist – es wird immer unangenehm sein, deinem Ex zufällig über den Weg zu laufen. Also, lass uns das vorbereiten und üben wie den Text für ein Theaterstück, damit es dich nicht überraschend trifft. Denk an Soldaten und Piloten: In kritischen Situationen geraten sie nicht in Panik und erstarren, sondern befolgen Verhaltensweisen, die sie in ihrer Ausbildung gelernt haben. Du wirst das Gleiche tun.

Stell dir euer Treffen so oft vor, wie du es brauchst. Und probe es. Aber lass bitte die Teile weg, in denen ihr euch schluchzend gegenseitig in die Arme fallt. Nun ein paar Fragen:

Was würde dich dazu bringen, dich bei der Begegnung gut zu fühlen? Für die meisten von uns wäre es: gut aussehen und sich selbstbewusst fühlen, höflich und unaufgeregt sein und das Gespräch schnell und als Erste beenden.

Wahrscheinlichkeit, deinen Ex zufällig zu treffen

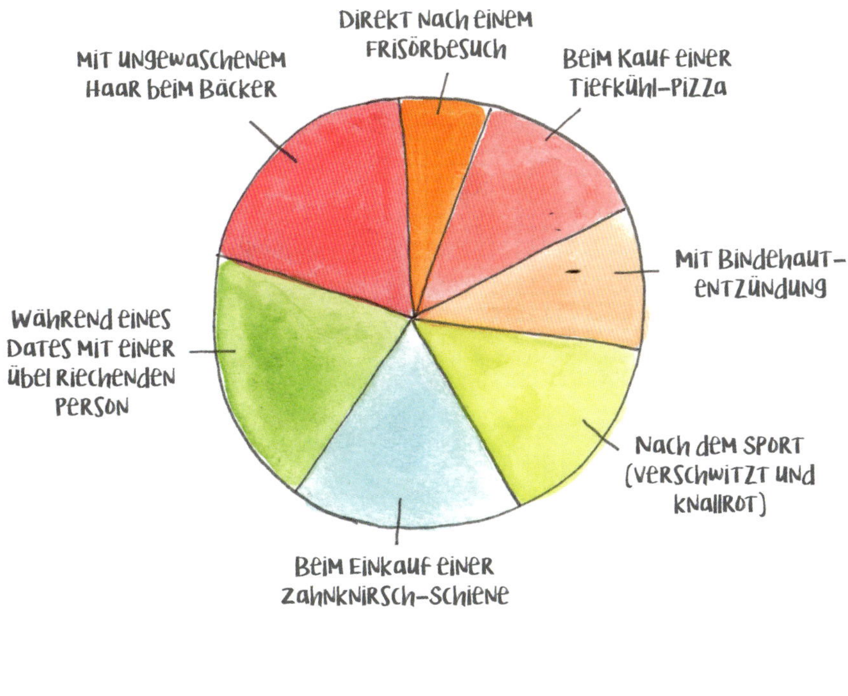

Was würde in diesem Szenario idealerweise passieren? Arbeite es genau aus, sodass du es planen kannst.

Was ist das schlimmste Szenario, das du dir vorstellen kannst? Arbeite es genau aus, sodass du es planen kannst.

DAS ZUFALLSTREFFEN

Nach der Trennung musst du Orte vermeiden, an denen sich dein Ex häufig aufhält oder an denen du früher mit ihm zusammen warst. Das ist offensichtlich. Es ist mir egal, ob das Café den besten Avocado-Toast hat – finde ein neues, du Königin der Ausreden. Die traurige Wahrheit ist, dass du ihn garantiert in deiner schlimmsten Jogginghose und mit einem riesigen Pickel auf der Nase treffen wirst. Es ist ein grausamer Scherz des Universums, aber man begegnet seinem Ex nie, wenn man super aussieht. Selbst wenn du versuchst, *immer* gut auszusehen, wird er dich genau dann erwischen, wenn du nach dem Training knallrot im Gesicht zu deinem Auto zurückschleichst. Es ist in Ordnung. Das kannst du nicht ändern. Arbeite mit dem, was du hast (lächle, steh aufrecht, tu so, als wäre es dir egal). Scheiße! Da ist er! Okay. Lächle höflich und geh weiter.

Du schuldest ihm kein Gespräch. Du schuldest ihm NICHTS. Das tust du wirklich nicht. Es würde so viel deiner harten Arbeit zunichtemachen.

Wenn er ein Gespräch beginnt, ist es dein oberstes Ziel, es zu beenden. Lass dich nicht verwickeln, sondern geh kurz auf ihn ein und mach, dass du weiterkommst. Sag nicht, dass es schön ist, ihn zu sehen, oder dass du an ihn gedacht hast. Lauf nicht zu schnell davon. (Das könnte nach Panik aussehen. Du bist ganz ruhig! Er ist ein Mensch, kein Krokodil!)

RICHTIGE ANTWORT: »Danke, mir geht's gut. Hab viel um die Ohren. Trainiere für den Halbmarathon und hab ein großes neues Projekt im Job. Wie auch immer, ich steh im Halteverbot und muss los. Mach's gut.« (»Mach's gut« ist total nichtssagend, und genau deshalb solltest du es unbedingt sagen!)

FALSCHE ANTWORT: »Oh mein Gott, hi, wie geht's dir? Kann leider nicht lange quatschen, sorry. Mein Freund Patrick wartet im Wagen auf mich. Er ist unterwegs zu diesem Casting für den neuen Tom-Cruise-Film, und ich fliege heute Abend nach Bali für den Deal mit einer Kokosnusswasserfirma, du weißt, wie das ist. Okay, ich sollte gehen, lass uns demnächst zu Mittag essen. Und denkst du manchmal an mich? Wer war das Mädchen in deiner Instagram-Story? Warum versuchst du nicht, mich anzurufen, obwohl ich es dir verboten habe? Und wieso hast du so viel abgenommen? OH NEIN, SCHAU MICH NICHT SO AN, ICH SEHE SCHEUSSLICH AUS, WARUM RUINIERST DU IMMER ALLES.« (Du läufst weinend davon.)

VERGISS NICHT: LÄCHELN. NUR DAS NÖTIGSTE SPRECHEN. FREUNDLICH BLEIBEN. TSCHÜS.

DAS ICH-WUSSTE-DASS-ER-DA-SEIN-WIRD-_TREFFEN_

Am besten organisierst du ein Begleiter-System, damit immer ein Bodyguard bei dir ist, der jederzeit Gespräche beenden kann. Das kann vor allem bei Hochzeiten entscheidend sein, wo Liebeshormone und Alkohol in Strömen fließen und du dich nicht mit Ausreden wie »Ich parke im Halteverbot« aus dem Staub machen kannst. Die Regeln sind die gleichen wie bei Zufallstreffen, davon abgesehen, dass man nicht unerwartet erwischt wird und deshalb 500 Stunden in sein Aussehen investieren und sich dabei fragen kann, ob man ihn bis zum Ende der Nacht nicht doch rumkriegen könnte. (NEIN.) Wenn es sich als zu schwer erweist, ihn zu sehen, oder er eine neue Flamme mitgebracht hat und es dich umbringt, verlass die Party. Oder geh gar nicht erst hin! Die Leute werden es verstehen.

Wenn ER ein Gespräch beginnt (denn DU wirst es sicher nicht, auch keine flirtenden Seitenblicke, danke):

RICHTIGE ANTWORT: »Oh, danke, das Kleid ist von Carla, ich hab's nur schnell übergeworfen und bin zur Tür raus! Florian sieht in Samt super aus, findest du nicht? Anscheinend fahren sie nach Simbabwe in die Flitterwochen. Das wird bestimmt fantastisch. Wie auch immer, ich bin auf dem Weg zur Bar*, also mach's gut. Nein, ich brauche keine Begleitung. Trotzdem danke.«

* Klar und selbstbewusst – und definitiv besser als die Formulierung »Ich war gerade auf dem Weg zur …«, was bedeutet, dass sich deine Pläne ändern könnten. Akzeptiere keine Gefälligkeiten oder Hilfe oder Gesellschaft von deinem Ex. Unter keinen Umständen. Dir geht es gut! Du bist stark!

FALSCHE ANTWORT: »Schöne Zeremonie … ein bisschen so, wie ich sie mir für uns vorgestellt hatte, abgesehen von den kitschigen Blumen und dem Teil, wo du alles versaut hast (noch ein Schluck Wein), indem du mit diesem Flittchen Natascha geschlafen hast, aber wen kümmert es, mir geht es gut, aber du wirst niemals mehr jemanden wie mich finden – LASS DAS DOCH, CARLA, ICH WILL ÜBERHAUPT NICHT TANZEN, ICH HASSE *MAROON 5*« usw.

Du wirst diese Begegnung ungefähr 1903-mal in deinem Kopf und mit deiner Freundin Carla durchgehen: was du lieber hättest sagen sollen, was für blödes Zeug du geredet hast, wie du ausgesehen hast, was er gesagt hat und wie seine Stimmung war. Das ist ungesund, aber normal. Das Wichtigste, woran du dich nach dem Treffen zu erinnern hast, ist:

Nimm keinen Kontakt zu ihm auf.

Das wirst du sicher wollen. Dein Herz ist wieder frisch gebrochen. Narben brechen auf. Die Wunden sind wieder offen. Er sah so gut aus. Du vermisst ihn. Es war offensichtlich, dass er dich auch vermisst hat. **Nimm trotzdem keinen Kontakt zu ihm auf.** Und wenn er dich danach kontaktiert, weißt du, was zu tun ist.

Lies es.

Antworte nicht.

Und wenn du meinen Rat ignorierst und antwortest, dann tippe Folgendes: »Es ist das Beste, wir halten uns daran, keinen Kontakt zu haben. Danke.«

Niemand versteht mich

Perspektiven-Check: *Jeder* durchlebt Trennungen, *jeder* kennt den Schmerz. Und vertrau mir, manche haben noch viel Schlimmeres erlebt als du. Shit happens, das Leben geht weiter.

Aber im Moment leidest du. Es ist echt! Es tut weh! Es hört nicht auf! Und du brauchst deine Teamkollegen, damit sie eine Mauer liebevoller Verteidigung um dich herum bilden und sicherstellen, dass du gelegentlich etwas Schlaf/Nahrung bekommst und Spaß hast.

Nicht alle Freunde werden sich als die richtige Unterstützung für eine Trennung erweisen. Einige Leute sind einfach nicht gut im Trösten. Manche flippen aus, wenn ihr strahlender Feel-good- und Feier-Kumpel plötzlich anders tickt. (Es mag sich hart anhören, aber Menschen kommen aus einem Grund in dein Leben, für eine bestimmte Zeitspanne oder auch für immer – vielleicht erfüllen sie ihren Zweck auf andere Weise oder zu einem anderen Zeitpunkt oder sie haben ihn bereits erfüllt.) Einige Leute sind an einem noch dunkleren Ort als du. Ihre Akkus sind leer, sodass sie dir nichts geben können. Einige sind so sehr geliebt, dass ihre Unterstützung nicht hilfreich ist. Andere sind mit kleinen Kindern oder ihrer Karriere beschäftigt, und liebevolle Anrufe und Nachrichten sind alles, was sie im

IM MOMENT IST DIE PARTNERSCHAFT MIT DIR DEINE EINZIGE BEZIEHUNG. INVESTIERE IN SIE, WIE DU ES FÜR EINEN NEUEN PARTNER TUN WÜRDEST. ZIEH DICH SCHÖN AN. GÖNN DIR ETWAS. LERNE DICH SELBST KENNEN UND SORGE DAFÜR, DASS DU DICH WIRKLICH MAGST.

Moment anbieten können – das bedeutet nicht, dass sie dich weniger lieben.

Aber einige Freunde und Familienmitglieder sind HOCHKARÄTIGE DIAMANTEN::

- Sie kommen Tag und Nacht zu dir, wenn es dir schlecht geht.
- Sie lassen dich in ihrem Gästebett schlafen und lassen dich ihr Nutella-Glas leer essen.
- Sie erinnern dich daran zu duschen.
- Sie lassen nachts ihr Handy an, nur für den Fall, dass du anrufst.
- Sie machen deinen Ex fertig (besser sie als du).
- Sie bringen dir Leckereien vorbei, kaufen Lebensmittel mit dir ein und machen dir etwas Warmes zu essen, bei dem es sich nicht um Toast handelt.

EMPathie

SORRY, KANN NICHT bei euch SEIN. MUSS NOCH durch den ganzen OZEAN SCHWIMMEN.
Mach weiter. WIR SCHWIMMEN MIT dIR!
Ich hole RETTUNGS-WESTEN!
Ich bringe was ZUM KNabbERN MIT. DU MagST am liebSTEN PISTAZIEN, oder?

- Sie laden dich ein mit ihnen und ihren herzlichen, intelligenten und lustigen Freunden das Wochenende zu verbringen, damit du erlebst, dass es auch noch nette Menschen gibt.
- Sie lassen dir Zeit, dich zu erholen.
- Sie haben deinen Alkoholkonsum im Blick und kassieren dein Handy, wenn du betrunken bist.
- Sie sagen auch mal, wenn du aufhören musst, dich in Selbstmitleid zu suhlen.
- Sie schützen dich vor deinem Ex. Bei realen Treffen, aber auch vor Gerüchten und vor Social-Media-Begegnungen.
- Sie sind nicht nur in freitäglichen Party-Nächten an deiner Seite, sondern auch an den traurigen Sonntagabenden.
- Sie bahnen vorsichtig eine Partyknutscherei für dich an, aber erst, wenn du bereit dazu bist.
- Sie erinnern dich sanft daran, dass dein Ex indiskutabel ist, wenn du ins Wanken gerätst.
- Sie zwingen dich zu schrecklichen Blind Dates, sodass du sie am liebsten umbringen würdest.

Deine Freunde werden bereit sein, dich zu unterstützen, genauso wie du sie wiederum unterstützen würdest, aber überbeanspruche sie nicht. Bleib nicht ewig, wenn sie dir ihr Gästebett anbieten. Erwarte nicht, dass sie dein neuer Partner werden, weil du es hasst, allein zu sein. Lass deinen Emotionen freien Lauf, aber bedenke, dass jeder ein Limit hat: Endlose Tiraden darüber, was für ein Arschloch dein Ex ist und wie sehr du durch den Wind bist, ermüden auf Dauer – sogar die nettesten Freunde.

Freunde können eine wunderbare Krücke sein, um dich wieder auf die Beine zu bringen und dich zu beschäftigen, aber:

A. Wenn du mit der Trennung nicht fertig wirst, kann die Zeit kommen, in der sie dich bitten werden, dein Leben wieder aufzunehmen oder therapeutische Hilfe in Anspruch zu nehmen.

B. Wenn du sie während deiner Beziehungszeit kaum gesehen hast und jetzt als Single auf einmal jede freie Minute mit ihnen verbringen willst, fühlen sie sich vielleicht benutzt und sind verärgert, und das aus gutem Grund.

C. Sie haben ihr eigenes Leben, ihre eigenen Partner und Haustiere, die sie ebenfalls brauchen.

Etwas, das ich ständig wiederholte, um es während einer meiner grässlichen Trennungen in meinen armen, niedergeschlagenen Kopf zu kriegen, war:

»Ich kann das Gute, das zweifellos aus dieser Situation entstehen wird, kaum abwarten!«

Hilfreiche Freunde während einer Trennung

DEIN BÄCKER:
Offizieller Keks-Lieferant

DEIN GURU:
Hat für jede Gefühlslage einen inspirierenden Spruch

DEINE PERSÖNLICHE AUFPASSERIN:
Kassiert dein Handy ein, falls notwendig

DAS PARTY-GIRL:
Nimmt dich zum Tanzen mit

DIE INTROVERTIERTE:
Lässt dich in Ruhe

DIE FREUNDIN MIT LEBENSERFAHRUNG:
Weiß, dass alles wieder gut wird

SAG, DASS ES NICHT FÜR IMMER SO WEHTUN WIRD

Lass dir etwas sagen, Süße: Wenn dein Herz WIRKLICH zerbrochen wäre, wärst du tot. Und das bist du offensichtlich nicht, da du diese Zeilen liest. Gut für dich, dass du nicht tot bist, also lass uns weiter nach vorn schauen. Frag irgendeine Person in der Nähe, die älter als, sagen wir, 25 Jahre ist, ob sie jemals eine Trennung oder sogar eine Scheidung durchgemacht hat. Okay. Und brach sie in Tränen aus, als sie dir antwortete? *Nein.* Weil Trennungen dich nicht brechen. **Sie FORMEN dich.** Sie geben dir Superkräfte und neue magische Fähigkeiten.

Diese Trennung ist ein Geschenk. Und ich meine das mit jeder Zelle meines Körpers. Trennungen sind ein ganz besonderes Geschenk, und es tut mir aufrichtig leid für Menschen, die nie eine hatten.

Das meine ich wirklich. Ohne Zweifel erlebte ich die meiste positive Entwicklung und die emotionalsten, spirituellsten Durchbrüche meines Lebens, als ich Single war. Ich hatte Zeit dafür. Ich hatte den Fokus. Ich war ein wenig einsam, obwohl ich glücklich war, und ich wollte mein Herz gegen die Gefühle versichern, die die Trennung mit sich gebracht hatte, indem ich dafür sorgte,

dass ich nicht wieder die gleichen Fehler machte. Ich habe Tarotkarten vor dem Schlafengehen gelegt. Sah in Kristallkugeln.

Ich trug kürzere Röcke, weil ich etwas Aufmerksamkeit wollte. Habe meditiert, 100 Selbsthilfe-Bücher verschlungen, sogar eines geschrieben, verdammt. Weil ich mich entschieden hatte, diese Trennung zu *nutzen,* nicht, sie zu verschwenden. Wenn du Schmerz fühlst, lass den Schmerz für dich arbeiten, wie Leonardo da Vinci bekanntermaßen einst nicht sagte.

Ein gebrochenes Herz wirft dich auf eine so intensive Art und Weise auf dich selbst zurück, wie es in einer Beziehung niemals passiert, auch wenn sie wunderbar ist. Ich bedaure jede Frau, die nicht ein einziges Mal eine solide Zeit als Single erlebt, weil sie entweder von Beziehung zu Beziehung springt oder immer noch mit ihrem ersten und einzigen Partner zusammen ist – auch wenn ihre Beziehung »in Ordnung« ist.

Ich habe noch nie eine Frau getroffen, die auf eine Trennung zurückgeblickt und gesagt hat: »Ich wünschte, das wäre nie passiert und ich wäre immer noch in dieser unglücklichen Beziehung. Grässlich ist auch die ganze persönliche Entwicklung, die ich gemacht habe. Und diese erstaunliche neue

Selbstliebe

FÜR deine Augen:
Geh ins Kino.

FÜR deine Nase:
Schnuppere an
frischem Brot.

FÜR deine Ohren:
Bring eine Katze
zum Schnurren.

FÜR dein Gehirn:
Geh ins Museum.

FÜR dein Wohlbe-
finden: Geh in die
Badewanne.

FÜR dein Herz: Geh
zu einer Freun-
din und frag sie:
»Gehen wir tan-
zen?«

Person, die ich bin, ist das Schlimmste. Ich würde alles tun, um all das rückgängig zu machen.«

Meine Mutter hat mir den folgenden tollen Spruch für Situationen beigebracht, in denen ich total aus der Fassung bin oder nicht weiterkomme und mich festgebissen habe:

WENDE DAS BOOT.

Wenn du das Gefühl hast, dass du nicht gewinnen kannst, wenn dir etwas (oder jemand) zustößt, oder dass du dich nicht vorwärtsbewegen kannst, egal was du tust, dann ist das so, als ob du versuchst, in einem Boot gegen Stromschnellen stromaufwärts zu fahren. Du verbrauchst unendlich viel Energie, um etwas zu tun, was einfach unmöglich ist. Also, halte an. Wende das Boot. Akzeptiere, dass sich was auch immer es ist, nicht ändern wird – in diesem Fall, dass du Single bist. Aber es könnte genauso ein Job sein, der dich fertigmacht, oder eine Gelegenheit, die einfach nicht eintritt. Fahre mit dem Strom. Du bist traurig und wütend: Das ist in Ordnung. Lass es zu, lebe es aus und höre auf zu versuchen, Veränderungen zu erzwingen. Wenn du dich deiner Trennung unterwirfst und sie willkommen heißt, verliert sie sofort an Kraft. Neue Möglichkeiten werden sich ergeben. Fließe mit dem Leben und es wird mit dir fließen.

SEI NETT UND FREUNDLICH ZU DIR, WENN DU LIEBESKUMMER HAST. TU DIR GUTES. UNTERNIMM DINGE, DIE DICH GLÜCKLICH MACHEN. STREIFE DIE SCHULDGEFÜHLE AB. DU BEFINDEST DICH IN DER WIEDERAUFBAUPHASE. NATÜRLICH BRAUCHST DU NEUE SCHUHE!

Das hattest du vor der Trennung:

Das hast du jetzt:

Es ist
wirklich
vorbei …

Ich will ihn zurück 132

Mache ich das Richtige, wenn ich ihn zurückwill? 140

Es geht kein bisschen voran 144

Ich vermisse mein altes Ich und mein altes Leben 149

Ich habe die Beziehung kaputt gemacht 154

Ich denke immer noch an ihn 160

Treffe ich die richtigen Entscheidungen? 166

Wie kann ich sicherstellen, dass meine nächste Beziehung gut wird? 169

Mir ging's super, aber jetzt nicht mehr. 174

Vielleicht ist es nicht wirklich vorbei? 178

Ich will ihn zurück

Ich habe mich schon gefragt, wann du das sagen würdest. Nicht weil ich dich verurteile, sondern weil wir alle irgendwann einmal darüber nachdenken. Vielleicht liegt es daran, dass du immer noch unter Schock stehst. Oder vielleicht hast du mit jemand Neuem geschlafen und es fühlte sich total falsch an, wie Jeans, die eine Größe zu klein sind. Vielleicht ist es sechs Monate her, und was du sagst, ist tief durchdacht und wahr. Gehen wir doch einfach die Wieder-zusammenkommen-Checkliste durch. Wie viele Fragen beantwortest du mit Ja? NICHT SCHUMMELN!

FAKTENCHECK: 9 VON 10 TRENNUNGEN BLEIBEN TRENNUNGEN. DEINE CHANCEN STEHEN SCHLECHT!

- Vermisst du eher die GEWOHNHEIT mit ihm als ihn selbst? Die Sehnsucht nach etwas, das fehlt, wird oft mit Liebe verwechselt.
- Treiben dich Angst, Eifersucht oder Panik an? Vielleicht ist es das. Sei ehrlich.
- Hattest du ein paar schlechte Dates und befürchtest jetzt, dass niemand sonst da draußen rumläuft? Mach dir keine

Sorgen. Es gibt nicht nur Arschlöcher. Es liegt daran, dass du noch nicht bereit bist, um jemanden anzuziehen, der großartig ist. Sobald du mit dir im Einklang und glücklich bist, ziehen sich Gleich und Gleich an.

- Hängst du an der Vorstellung, wie dein Ex oder wie die Beziehung *war*? Du lebst in der Vergangenheit, Baby. Selbst wenn ihr wieder zusammenkommt, wird es nie wieder dasselbe sein.
- Trägst du eine rosarote Brille? Glückliche Beziehungserinnerungen bleiben deutlich stärker haften als schlechte: Stell sicher, dass du die beschissenen Aspekte der Beziehung wahrheitsgemäß und genau beurteilst, bevor du sie wiederbelebst. (Das Aufschreiben all der schlechten Dinge über deinen Ex und eure Beziehung kurz nach der Trennung ist wichtig für deine Katharsis, aber auch, damit du die negativen Seiten nie vergisst.)
- Wird die Beziehung anders sein, wenn ihr wieder zusammenkommt? Wird dein Ex dir etwas übel nehmen? Trägst du ihm etwas nach? Wird ein ungleichmäßiges Kräfteverhältnis herrschen? Wird es Schuldgefühle oder versteckte Aggressionen geben? Die Beziehung KANN und wird nicht wie vorher sein. Macht dir das Angst?
- Hast du dich wirklich verändert? Hat er sich verändert? Warum wird es jetzt funktionieren, wenn es damals nicht funktioniert hat? Welche magische Verwandlung habt ihr beide durchlaufen, dass es klappen kann?

- Bist du nur faul? Das ist nichts Ungewöhnliches. Die Anziehungskraft von Vertrautheit und Sofas und Netflix im Gegensatz zu Tinder und Singledasein kann sehr groß sein.
- Geht es hier nur um dein Ego? Frisst dich die Vorstellung, dass dein Ex mit jemand anderem zusammen ist oder dass er in diesem Sommer ohne dich Spaß hat, von innen auf? Schmerz, Ego und Eifersucht sind schreckliche Gründe, um zu jemandem zurückzukehren. Bitte tu das nicht!
- Will dein Ex plötzlich wieder zurück? Das ist erfreulich, besonders wenn er kürzlich auf dein Herz getreten ist und es dann im Mixer püriert hat. Aber das ist SEINE Sache. Komplimente, Schwärmereien und Geschenke sind NICHT gleichbedeutend mit Veränderung oder Wiederzusammenkommen. Du bist über Egostreicheln und Schmeicheleien hinweg und du lässt dich nicht zu einer Beziehung überreden, nur weil sie jemand anderen glücklich macht. Nein!
- Hat dein Ex besseres WLAN und schickere Cafés in der Nähe? Lass ich gelten. Weitermachen.

Wenn du eine oder mehrere dieser Fragen mit JA beantwortet hast, ist es vielleicht nicht die beste Idee, wieder zusammenzukommen. Und ich sage das nicht, weil ich dich unglücklich machen will, sondern weil es meine Aufgabe ist, dafür zu sorgen, dass du nicht aus den falschen Gründen zu deinem Ex zurückkehrst und dadurch den Schmerz verlängerst.

Warum wir wieder zusammenkamen

Erklärungen

Wahrscheinlich besser als das oder zumindest weniger anstrengend

Er weiß, dass ich einen Platz am Gang brauche

Er erinnert sich an den Namen deiner Mutter

Du wolltest keinen Instagram-Follower verlieren

Bald ist dein Geburtstag und du möchtest zum Essen ausgeführt werden

Wir haben gemeinsam einen Teppich gekauft. Schwer zu teilen

In SEHR wenigen Fällen kann es funktionieren, wenn Menschen wieder zusammenkommen.

Ich bin einmal nach einem Jahr Trennung wieder mit einem Exfreund zusammengekommen und wir blieben noch drei weitere Jahre ein Paar. Es war nicht dasselbe, es war nicht das, was wir erwartet hatten, aber es war wichtig für uns, der Beziehung eine zweite Chance zu geben, auch wenn wir letztendlich feststellen mussten, dass es einfach nicht richtig war.

Falls du wieder mit deinem Ex zusammen bist: Kannst du alle oder fast alle Aussagen mit Ja beantworten?

Nicht schummeln, Schlitzohr!

- Du kannst auch glücklich ohne ihn leben: Du *brauchst* ihn nicht, um glücklich zu sein, du *wählst* ihn.
- Das Timing war schlecht, als ihr das erste Mal zusammen wart, aber jetzt ist es ziemlich perfekt.
- Du bist jetzt älter und hast mehr gelebt (und geliebt), und du weißt, was du willst und was nicht.
- Du bist bereit, die Vergangenheit hinter dir zu lassen. Wirklich. Auch im Streit und wenn du wütend oder hungrig bist oder bis zu den Ellenbogen in PMS steckst: keine Aufarbeitung der Vergangenheit.
- Eure Ziele, Werte und Überzeugungen stimmen überein: Ihr wollt das Gleiche (= gutes italienisches Eis).
- Frühere Probleme wurden gelöst oder ihr beide seid ehrlich entschlossen, sie zu lösen.

- Die Umstände haben sich geändert: Ein lästiger Ex ist weggezogen, der Job, der dich gezwungen hat über weite Strecken zu pendeln, hat sich erledigt, eine Sucht wurde überwunden, oder du hast endlich aufgehört, in der Öffentlichkeit in der Nase zu bohren.
- Du hast in der vergangenen Beziehung viele Lektionen gelernt: mit ihr, mit ihm und mit dir selbst.
- Du kannst deinen Ex so akzeptieren, wie er jetzt ist. Nicht wie er war oder wie er sein könnte. So, wie er jetzt ist. Keine Verurteilung, kein Groll.
- Du bist bereit, an dieser Beziehung zu arbeiten. Denn sie wird Arbeit erfordern.
- Dein Ex macht besseres Rührei als du und du bist sehr hungrig.

Ganz anders als die erste Liste, nicht wahr? Reifer und einfach nur etwas *weniger aufgeregt.* Das liegt daran, dass das Wiederzusammenkommen eine wohlüberlegte, emotional ausgereifte und gemeinsame Entscheidung sein sollte. Ihr beide beschließt mit offenen Augen und Herzen einen zweiten Versuch, anstatt dass einer den anderen anfleht oder aggressiv versucht, einen unsicheren, gleichgültigen Gast für eine Party zu gewinnen, an der er gar nicht teilnehmen will. Etwas zu erzwingen, sei es bei einem eingeklemmten Reißverschluss oder bei den Gefühlen eines anderen, funktioniert nicht. Lustigerweise könnte es passieren, dass dein Ex aus freien Stücken zurückkehren möchte, wenn es ihm erlaubt ist, sein Leben frei von erzwungenem Kontakt, Einmischung und verzweifelten emotionalen Erpressungsversuchen deinerseits zu leben. Denn was ist attraktiver und aphrodisierender als jemand, der dich nicht will oder sich von dir wegbewegt?! (Wir sind – ehrlich gesagt – alle ganz schön krank im Kopf.)

Das Fazit ist: Ich lasse nicht zu, dass du wieder mit deinem Ex zusammenkommst, nur weil du denkst, dass es auf magische Weise all den Schmerz stillen wird, den du fühlst. Das ist Bullshit und keine gute Idee, und das weißt du. Wenn du dich dafür entscheidest, stehen die Chancen gut, dass du nur eine Fristverlängerung erkaufst.

Kannst du eine erneute Trennung von dieser Person wirklich ertragen? Reicht dir dieser Schmerz noch nicht?

Setz dich deinem Schmerz aus. Stell dich ihm mit herausgestreckter Brust und gerecktem Kinn. Dein Ex wird die Probleme nicht verschwinden lassen. Nur du kannst das. Denk daran: Du bist am Ruder. Und wer am Ruder ist, plant langfristig, nimmt keine Abkürzungen durch zu flaches Wasser und findet Ausreden dafür. Wer am Steuer ist, bricht nicht unter Druck zusammen, sondern behält immer das Steuer in der Hand, wenn es darauf ankommt. **Bleib am Ruder, jeden Tag, in jeder Hinsicht.**

IM LEBEN GEHT ES UM SO VIEL MEHR ALS UM BEZIEHUNGEN – GLÜCKLICHE UND GESCHEITERTE. IM LEBEN GEHT ES UM DICH, WAS DU AUSWÄHLST UND DAMIT ANFÄNGST. NICHT VERGESSEN: DEINE WAHLMÖGLICHKEITEN IM MOMENT SIND NICHT AUF DEINEN EX ODER ALLEINSEIN FÜR IMMER BESCHRÄNKT.

Mache ich das Richtige, wenn ich ihn zurückwill?

Hast du Seite 132 gelesen? Lies sie jetzt.

Okay. Gut. Wenn ihr beide wirklich dazu bestimmt seid zusammenzusein, wird es so sein.

Erzwinge es nicht! Versuche nicht verzweifelt, die Sache wieder anzufachen – lass die Dinge auf sich beruhen. **Es ist vorbei.** Was du hattest, ist vorbei, und jetzt musst du allein sein, die Reste von dir zusammenkratzen, etwas Klarheit finden und ein wenig erwachsen werden. Wenn das hart klingt, dann nur, weil es so ist. Aber ich bin so hart, weil ich möchte, dass du im wahrsten Sinne des Wortes glücklich wirst, nicht vorübergehend glücklich oder halb glücklich. Und wie bei allem, das sich lohnt (zum Beispiel eine Gucci-Handtasche oder ein neonpinkes BMX-Rad), braucht es ein wenig Arbeit und lange Vorfreude.

Vielleicht werdet ihr es in fünf Jahren noch einmal versuchen oder du verliebst dich in einen wunderschönen Fremden auf Leonies Silvesterparty, wer weiß. (Ein Hellseher, wahrscheinlich … War nur ein Scherz! DENK DARAN: NIEMALS HELLSEHER!)

Wir alle wissen, dass man niemanden zwingen kann, dich wieder zu lieben. Es funktioniert nie, nie, nie. Ebenso wenig wie du erzwingen kannst, dass dich jemand vermisst oder mit dir

schlafen will. Der Versuch ist sinnlos. Und ein bisschen dämlich. Zeitverschwendung.

Du liest immer noch? Ich nehme an, das bedeutet, dass du trotz aller meiner Warnungen immer noch zu ihm zurückkehren willst. Gut. Du hast absolut nicht meinen Segen (ich mag dich trotzdem), aber mach es wenigstens richtig.

SEI KEIN TRENNUNGSQUÄLGEIST

Trennungsquälgeister geraten in Panik und handeln aus Angst. Sie beginnen sofort, ihren Ex zu jagen, kontaktieren ihn ständig, versuchen ihn zu überzeugen, dass es funktionieren kann und dass sie sich ändern können. Sie *werden* sich auch »ändern«, um dies zu beweisen (aufhören mit dem Rauchen, dem Glücksspiel, dem Feiern, der Verausgabung im Job, dem exzessiven Gucken von schlechten Fernsehshows). Oder sie werden ihr Aussehen ändern oder was auch immer dem Ex als Beweis erscheinen wird. Sie meinen das ehrlich.

Einige Quälgeister greifen sogar zu Flehen und Betteln, Geschenken oder selbst verfassten Gedichten. Diese Versprechungen können für kurze Zeit funktionieren, aber die tieferen Probleme der Beziehung werden immer wieder auftauchen. Wir alle haben Filme gesehen, in denen der Betrüger oder Faulenzer im Handumdrehen eine optimierte neue Identität annimmt, um

jemanden zurückzugewinnen, bevor sein wahres Selbst wieder durchbricht. Wenn wir verzweifelt jemandem nachstellen, bringt das diesen Menschen eher auf Distanz und bestärkt ihn in seiner Meinung, dass die Trennung von dieser aufdringlichen, ihm nachstellenden Person die richtige Entscheidung war.

Wenn du deinen Ex vermisst, ist das in Ordnung. **Du stirbst nicht.** Du vermisst einfach nur deinen Ex.

SEI EINE TRENNUNGSMEISTERIN

Trennungsmeister kommen – nach tiefgehender Reflexion – eher leise mit der Trennung zurecht. Das kann Monate, ja sogar Jahre dauern. Genug Zeit, um an den Dingen gearbeitet zu haben, die nach der Trennung Arbeit erforderten. Zeit, um zu mögen, wer man im Leben ist, um sich in sich selbst zu verlieben und um gute und schöne Erfahrungen zu sammeln – **nicht um den Ex zurückzugewinnen, sondern um im Leben zu gewinnen.**

Sie nehmen keinen Kontakt mit dem Ex auf. Sie fühlen sich nicht verpflichtet, dem Ex ihre Gefühle mitzuteilen oder ihn um ein Abschlussgespräch zu bitten, weil sie wissen, dass das absolut keinen Unterschied machen würde. Trennungsmeister betrachten die persönlichen Veränderungen und die innere Entwicklung als entscheidend, um ein glücklicher, Mensch und Partner zu sein. Sie sind nicht besessen vom Ex, von seinem

Leben oder möglichen neuen Partnerinnen. Sie machen mit ihrem eigenen Leben weiter und sind zuversichtlich, dass sie, wenn die Zeit reif ist, ihr Herz für neue Liebe öffnen werden.

Sollten sie sich entscheiden, wieder mit dem Ex zusammenkommen zu wollen, verstehen Trennungsmeister, dass der Ex vielleicht nicht interessiert ist und sich komplett anders weiterentwickelt hat. Aber das ist in Ordnung für sie. Trennungsmeister haben so viel Selbstvertrauen und so viel Freude am Leben, dass sie dies akzeptieren können (auch wenn es wehtut, und das tut es). Und sie werden weitermachen, weil sie wissen, dass sie keine Zeit verschwendet und alles gewonnen haben, da ihr Ex nicht entscheidend für ihr Glück ist. Niemand ist das. Das Leben geht weiter.

Du kennst den Weg. Ich fordere dich nachdrücklich auf, deinen Ex in Ruhe zu lassen. Du kennst den wahren Spruch: **Wenn du jemanden liebst, lass ihn gehen. Wenn er zurückkehrt, gehört er dir, wenn nicht, dann sollte es nicht so sein.**

(Zusatzinfo 1: Wenn er herumdruckst und sich nicht entscheiden kann und auf deinen Gefühlen herumtrampelt, fällt das unter die Kategorie »… dann sollte es nicht so sein«.)

(Zusatzinfo 2: Du siehst süß aus, wenn du das Haar so trägst.)

Es geht kein bisschen voran

Zeit ist vergangen, *viel Zeit,* aber du fühlst dich immer noch irrational traurig und wütend, wenn du glückliche Paare beim Knutschen siehst? Du kannst dich nicht aufraffen, rauszugehen und deine Arbeit geht dir am Arsch vorbei. Du weinst vor dem Schlafengehen und stöberst in alten Nachrichten oder Fotos. Du weißt, dass du so eine Liebe nie wieder finden wirst. Du bist wütend auf deinen Ex, weil du dich so beschissen fühlst. Du willst, dass alles vorbei ist und dein Leben wieder normal und glücklich wird. Was ich in diesem Buch ungefähr eine Million Mal sage und dir vielleicht sogar per SMS schicke, falls ich deine Nummer habe: **Wie du dich fühlst, ist völlig normal.**

Wir alle sehnen uns danach, verbunden zu sein, das gehört zum Menschsein. Wenn also eine tiefe Verbundenheit unterbrochen wird, fühlen wir entsetzlichen Schmerz. Wir fühlen uns taub, wir fühlen uns zurückgewiesen, sogar depressiv.

Ich weiß, mein Insistieren, sich in einer Trennung rational und besonnen zu verhalten, weil man seine emotionale Unabhängigkeit zurückgewinnen muss, um voranzukommen, ist genauso nervtötend wie mein Bestehen auf einem totalen Kontaktverbot. Aber es bedeutet NICHT, dass du den Schmerz nicht zulassen und nicht trauern darfst, um so die Gefühle von

**»Wenn du ein wenig loslässt,
wirst du ein wenig Glück haben,
wenn du viel loslässt,
wirst du viel Glück haben,
wenn du vollständig loslässt,
wirst du frei sein.«**

Ajahn Chah

(Das half mir, als mein Herz in der Notaufnahme war.)

Verlassenheit, Reue oder einer Million weiterer Arten von Schmerz zu verarbeiten.

Verarbeite deinen Schmerz bitte mit anderen Leuten, nicht mit deinem Ex. Sei und bleibe im Hier und Jetzt.

Und wie immer ist alles eine Frage der Perspektive. Tim Urban (von der brillanten Webseite *waitbutwhy.com*) behauptet, dass Single zu sein eigentlich eine ziemlich hoffnungsvolle, neutrale Position ist, verglichen mit der von Menschen, die noch in unglücklichen Beziehungen gefangen sind. Schließlich, sagt Urban, läuft die Single-To-do-Liste darauf hinaus, eine großartige Beziehung zu finden, während Menschen in unglücklichen Beziehungen noch die herzzerreißende Trennung und Trauer vor sich haben. Erst wenn sie dies durchlebt haben, können sie mit der Suche nach einer guten Beziehung beginnen.

Wenn du nicht durch diesen Sumpf aus Schmerz watest, wirst du nie als Mensch wachsen und dich entwickeln. Du wirst flach werden, langweilig, stumpfsinnig und emotional verkümmert. Wir brauchen Härte im Leben und wir brauchen herausfordernde Zeiten! Wir brauchen diese Phasen im Leben, damit wir uns entfalten können, um Demut zu entwickeln, um Mitgefühl für andere zu empfinden, die dasselbe erleben, und um die Zeiten schätzen zu lernen, in denen wir auf dem Regenbogen entlangspazieren.

Immer wenn mein Leben gerade fantastisch und ich rundum glücklich war, hat meine Mutter zu mir gesagt: »Auch das wird vorbeigehen.« Und ich dachte mir: »Großartig, danke vielmals, du Miesmacherin.« Aber heute weiß ich, was sie meinte: Wenn du dich daran erinnern kannst, dass das einzig Sichere im Leben ist, dass sich die Dinge ändern werden (und es wird Höhen und Tiefen geben), solange das Leben gut ist, ist es auch viel einfacher, sich daran zu erinnern, wenn das Leben dich gerade richtig beutelt.

Raupen haben fraglos ein nettes Leben. Aber was ihr winziges Raupenhirn nicht weiß, wenn sie ihre dummen Blätter fressen, ist, dass sie bald ein SCHMETTERLING sein werden. Kannst du dir vorstellen, nicht zu wissen, dass du im Begriff bist, dich in das zauberhafteste Insekt der Welt zu verwandeln, völlig frei und magisch und in der Lage zu fliegen?! Ich wette, das kannst du.

Denn im Moment bist du im Raupenstadium. Aber bald, bald, ist Schmetterlingszeit, Baby.

DEIN EX KANN DIE PROBLEME NICHT VERSCHWINDEN LASSEN. DAS KANNST NUR DU. DENK DARAN: DU BIST AM RUDER. UND WER AM RUDER IST, NIMMT KEINE ABKÜRZUNGEN DURCH ZU FLACHES WASSER UND FINDET AUSREDEN DAFÜR. WER AM STEUER IST, BRICHT NICHT UNTER DRUCK ZUSAMMEN, SONDERN BEHÄLT IMMER DAS STEUER IN DER HAND, WENN ES DARAUF ANKOMMT. BLEIB AM RUDER, JEDEN TAG, IN JEDER HINSICHT.

Ich vermisse mein altes Ich und mein altes Leben

Wahrscheinlich hattest du, bevor du dich getrennt hast, eine Vision, wie dein Leben aussehen würde. Und jetzt verlangt das Leben von dir, dass du all das rückgängig machst, umdenkst und »umfühlst«. Das klingt nicht fair.

Aber die Dinge haben sich geändert, und das ist in Ordnung. Wenn du nicht akzeptierst, dass sich die Dinge geändert haben, kannst du unmöglich eine neue, bessere Vision davon schaffen, wie und was dein Leben sein wird. Und ich kann nicht versprechen, dass deine nächste Vision in Stein gemeißelt ist. Kann ich nicht und werde ich auch nicht. Auf keinen Fall. Das ist die Freude und der Herzschmerz und das Chaos des Lebens, und deshalb ist es so magisch und aufregend und entsetzlich.

Wie du dich sicher erinnern kannst (haha!), hat der amerikanische Mythologe Joseph Campbell Folgendes gesagt: »Wir müssen das von uns geplante Leben loslassen, um das zu akzeptieren, das auf uns wartet.« Gut gesagt, Joe. Eine Tür schließt sich, eine Tür öffnet sich. Oder mit anderen Worten: Du wirst kein neues Leben und keine neue Beziehung finden, bis du die alte loslässt. Vergiss den Immobilienbesitz. Aber du hast ja immer noch Häuser auf dem ganzen Grundstück! Du musst sie

AUSGANG
EINGANG

abreißen. Weg damit. Lass dein altes Ich los. Sag ihm ein liebevolles Adieu. Es war wunderschön, es war eine Freude, aber jetzt muss dein neues Ich vor den Vorhang treten.

Als ich jung und Single war und die Zeit dazu hatte, war ich völlig verrückt danach, immer neue Visionen zu entwickeln, wie mein ideales Leben aussehen würde – und es gab nichts, das nicht infrage gekommen wäre. Und – nebenbei – alles kam und kommt infrage! Wusstest du das? Es ist die Wahrheit. Alles! Es ist alles zu haben. Rechtmäßig!

Also: Wie sieht dein ideales Leben aus?

Schreibe es auf. Noch besser, klebe Fotos aus Zeitschriften oder dem Internet auf Karton oder pinne sie an eine Pinnwand (oooh, analoges Pinterest ...). Stell sie irgendwo hin, wo du sie jeden Tag sehen wirst. Hier sind einige Anregungen:

- Dein idealer Ort, wo du leben willst
- Perfekter Job oder Lebensziel
- Dein Traum-Zuhause
- Tolle nebenberufliche Projekte
- Deine Reiseziele
- Etwas, worin du *sehr* erfolgreich sein wirst
- Dass Bastian Pastewka dich per E-Mail auf einen Kaffee einlädt
- Wenn du Kinder möchtest: wie viele?
- Haustiere
- Dinge, die dir Freude machen

- Welche Art von Superjacht du besitzen wirst
- Und schließlich dein Idealpartner: Wie fühlst du dich mit ihm? Was sind die K.-o.-Kriterien?

Wie Oprah Winfrey bestimmt zustimmen würde, ist es wichtig, dein ideales Leben (und deinen idealen Partner) zu entwerfen. Das gibt deinem Leben eine Art Landkarte. Anderenfalls sitzt du im Taxi und fährst durch die Gegend, und wenn der Fahrer dich fragt: »Wohin bitte?«, kannst du nur sagen: »Hm, ich weiß es leider nicht«, wie ein Trottel.

Lass die Vergangenheit los.
Es ist nicht gefährlich, sie loszulassen.
Genieße das Jetzt.

Entwirf deine ideale Zukunft. (Denk auf jeden Fall über Italien, genau genommen über Florenz, nach.) Lass es wahr werden.

VERGISS EINEN MOMENT, WAS DU FÜHLST, UND DENK DARÜBER NACH, WAS DU WILLST UND WAS DU VERDIENST. VIIIIIEL HILFREICHER!

Ich habe die Beziehung kaputt gemacht

Ich weiß nicht, ob du die Beziehung beendet hast oder er. Ob du etwas wirklich Uncooles getan hast, ob er so etwas getan hat oder ob die Liebe einfach versiegt ist (oder ob einer von euch versehentlich in Vegas mit Zac Efron geschlafen und ihn dann versehentlich geheiratet hat). Aber ich schätze, wenn etwas passiert ist und du die Ursache für diesen Scheiß warst, fühlst du dich ein wenig schuldig.

Hey. Was ist eine Trennung ohne ein bisschen Selbstgeißelung? Ich verstehe das. Nur eins: Mach bitte nicht immer weiter damit. Sich weiter selbst zu geißeln, ist sinnlos, wenn man verstanden hat, dass man etwas Unangemessenes, Herzloses oder Falsches getan hat und warum. Und wenn man zudem genau weiß, dass man das nicht noch einmal tun darf. Es ist erwiesen, dass Menschen, die sich zu lange übermäßig schuldig fühlen, eher erneut das gleiche Verbrechen begehen, weil sie sich durch ihre langen tiefen Schuldgefühle gerechtfertigt fühlen.

Umgekehrt neigen diejenigen mit der Erkenntnis »Das war eine schreckliche Sache, die ich getan habe, aber ich kenne jetzt Ursachen und Folgen« dazu, den Mist nicht zu wiederholen. Sie bewegen sich vorwärts und sie bleiben aktiv auf dem richtigen Weg.

Übernimm die volle Verantwortung dafür, was du getan hast, um deine Beziehung zu zerstören. Verstehe, warum du es getan hast, erkenne die Motivation dahinter.

GLÜCKLICHE BEZIEHUNGSERINNERUNGEN BLEIBEN DEUTLICH BESSER HAFTEN ALS SCHLECHTE. ALSO UNTERZIEHE DIE ERINNERUNG EINER GRÜNDLICHEN PRÜFUNG, BEVOR DU DIE BEZIEHUNG WIEDERHABEN WILLST. AUF JEDEN FALL!

Hast du deinen Partner betrogen, weil du Vergeltung üben und ihn so stark verletzen wolltest, dass er krepiert? Unwahrscheinlich, es sei denn, du bist Spionin in einem *James-Bond*-Film. Hast du ihn betrogen, weil du dich ungeliebt oder unterschätzt gefühlt hast oder weil dein Ego gestreichelt werden musste oder weil euer Sexleben nicht gut genug war oder weil du so narzisstisch bist, dass du tatsächlich dachtest, du könntest mit einer Beziehung UND Seitensprüngen davonkommen? Viel wahrscheinlicher.

Kommunikation, Vertrauen, Respekt, Teamarbeit und Freundschaft sind die Säulen einer erfolgreichen, gesunden und glücklichen Beziehung. Stehen diese alle an ihrem Platz, ist Zerstörung unmöglich. Also: Hand aufs Herz: War deine Beziehung ein leuchtendes Beispiel für gesunde Kommunikation, Vertrauen, Respekt, Teamarbeit und Freundschaft, als sie kaputt ging? Oder standen ein oder zwei dieser Säulen nicht mehr? Hattest du aufgehört, mit deinem Partner zu reden (wirklich zu reden, nicht nur Geplänkel am Ende des Tages)? Hast du ihn nicht mehr respektiert, weil du das Gefühl hattest, dass er sich selbst nicht mehr respektiert hat? Hattest du aufgehört, ihn freundschaftlich zu unterstützen, weil dein Kopf und dein Herz bereits aus der Tür waren? Es ist wirklich, wirklich wichtig zu verstehen, warum du getan hast, was du getan hast, damit du dich weiterentwickeln und daraus lernen kannst – und auch, ähm, damit du es nicht wieder tust.

Etwas moralisch Falsches getan zu haben, das jemandem das Herz gebrochen und eine Beziehung zerstört hat, ist der stärkste Grund, es nie wieder zu tun. Weil du es jetzt weißt. Jetzt kennst du die Konsequenzen, du kennst die Warnzeichen und weißt, dass du mit deinem Partner sprechen musst, wenn du dich geringgeschätzt oder ungeliebt fühlst oder was auch immer es sein mag.

Du kannst dich nicht einfach wie ein Arschloch benehmen und alles ruinieren, nur weil du unglücklich bist. Das ist völlig emotionales, unreflektiertes, unreifes und beschissenes Verhalten, und das ist nicht dein Niveau. Sei ein guter Mensch. Sei ein anständiger Mensch. Sei tapfer. Sei mutig. Sei ehrlich. Wenn du weißt, dass etwas nicht stimmt, sag etwas. Es ist viel besser, ein unbequemes Gespräch mit deinem Partner zu haben, als sein Vertrauen und seine Liebe zu verletzen. Mach Schluss mit ihm, bevor du ihn zerbrichst.

50
PRODUKTIVITÄT
REISEN
NEUES HOBBY
FÜR DEIN ZUKÜNFTIGES ICH
5
SCHÖNHEIT
SPORT
FREUDE
100
ZEIT MIT FREUNDEN

»MUT GRÖLT NICHT IMMER LAUT. MANCHMAL IST MUT DIE LEISE STIMME, DIE AM ENDE DES TAGES SAGT: ICH WERDE ES MORGEN WIEDER VERSUCHEN.«

Mary Anne Radmacher

Selbst wenn du hintergangen wurdest, könntest du dich trotzdem schuldig fühlen, so als wärst du irgendwie für den Untergang der Beziehung verantwortlich oder gescheitert. Bitte nicht. Jede Beziehung ist eine Lektion und eine Chance auf Entwicklung. Es ist eine mutige Sache, eine unglückliche Beziehung zu verlassen. Und es ist noch mutiger, zu erkennen und zu verstehen, dass es einen **Grund** dafür gibt, wenn du diejenige bist, die verlassen wurde.

Es soll nicht sein, dass du in dieser Beziehung bleibst. Er hat dir einen Gefallen getan, indem er sie beendet hat, auch wenn die Art und Weise unappetitlich und unelegant war. Im Moment ist die einzige Beziehung, in der du sein solltest, **diejenige mit dir selbst.** Investiere dafür also genauso viel wie für einen neuen Partner. Zieh dich hübsch für dich an. Verabrede dich mit dir selbst. Gönn dir etwas Gutes. Lerne dich selbst kennen, wenn du nicht in einer Beziehung steckst, vor allem wenn du die Angewohnheit hast, dich schnell von einem Partner zum anderen zu hangeln.

Und wenn du diese Beziehung wirklich hinkriegst, die die wertvollste und wichtigste aller Beziehungen ist (abgesehen von meiner Beziehung zu Mandelhörnchen), ist es viel, viel wahrscheinlicher, dass deine nächste Beziehung bald kommt.

Ich denke immer noch an ihn

Das ist total normal, Süße. **ABER ES MUSS AUFHÖREN.** Es geht um dich. Und zwar NUR UM DICH. Um dich, um dich, um dich.

Trennungen verstärken tiefliegende Probleme und rücken sie in den Vordergrund, wie zum Beispiel:

- Angst vor Zurückweisung
- Das Gefühl, wir würden keine Liebe verdienen
- Unzufriedenheit in all unseren Beziehungen
- Verlassenheitsgefühle
- Unbewältigte Probleme mit unseren Eltern
- Schmerz und Verletzungen durch andere Expartner
- Kompromissunfähigkeit
- Starke Eifersucht
- Fehlende Eifersucht (viel besser!)

Wenn wir klug sind, können wir diese ekelhaften und peinlichen Charakterfehler (Spaß beiseite, wir haben alle unsere Macken – das macht uns schön und authentisch und besonders und menschlich) untersuchen, durcharbeiten und heilen. Damit unterbinden wir, dass sie später in eine andere Beziehung, die wir auf keinen Fall aufgeben möchten, eindringen und sie möglicherweise zerstören könnten.

Denk daran: Was kaputtgegangen ist, kannst du in die Mülltonne werfen und vergessen. Oder du kannst ein bisschen Zeit und Energie investieren, um es zu reparieren. Und ich meine jetzt nicht die Beziehung, sondern dich!

Denk daran: Selbst wenn dein Ex dich benutzt hat, emotional abwesend war, dich betrogen hat und sein Verhalten ganz offensichtlich der Grund für eure Trennung ist, musst du dich trotzdem in Ordnung bringen, um sicherzustellen, dass du den ganzen Schmerz gründlich verarbeitest und loslässt. Sonst riskierst du, die ganze Scheiße in eine neue Beziehung mitzuschleppen.

Denk daran: Es reicht nicht aus, die Schuld, den Ärger und den Groll einer anderen Person zuzuschreiben und deine Hände in Unschuld zu waschen. Das ist so, als ob man ein Pflaster auf einen triefend nassen Arm klebt: unwirksam und bedeutungslos. Ebenso ist es eine große Energieverschwendung, sich zu wünschen, dass ER den Schmerz, die Wut und das Bedauern spürt, indem du ihm zum Beispiel zeigst, wie großartig es dir bereits geht. Wen kümmert es, was er fühlt?! Das ist *seine* Sache. Arbeite daran, wie *du* dich fühlst, akzeptierst und liebst, verdammt noch mal, und mach, dass sich diese ganze abscheuliche Erfahrung um Himmels willen gelohnt hat. Denn willst du wirklich monatelang durch den trostlosen Sumpf einer Trennung waten und dann in eine neue Beziehung gehen, nur damit es wieder passiert? Auf gar keinen Fall!

Denk daran: Wie du über deinen Ex denkst und fühlst, wird sich ständig ändern. Am Montag wird er die Inkarnation des Satans sein. Am Donnerstag die verlorene Liebe deines Lebens. Am Sonntag ein lausiger Asi, dem du die fiesesten Geschlechtskrankheiten wünschst. Du könntest meinen, dass es seine Schuld ist – er hat dies und das getan, er hat alles ruiniert – und wenn du ihn nur zurückhättest, würde der Schmerz verschwinden. Aber das ist ÜBERHAUPT nicht wahr. Er kann das nicht wieder in Ordnung bringen – oder dich. Er könnte dich für ein paar Tage glücklich machen, weil er für Trost und Vertrautheit steht und für eine Zeitspanne, in der alles großartig war. Aber wie bei einem

Schuss für einen Drogenabhängigen folgt auf dieses temporäre (und emotional sehr teure) Hoch ein bodenloses, dunkles Tief und du musst den Heilungsprozess von vorne beginnen. Tu das nicht. Es wäre dumm. Tu das bitte nicht.

Denk daran: Du ziehst zu bestimmten Zeiten bestimmte Partner in dein Leben, um die Teile von dir zu enthüllen, die geliebt, in Ordnung gebracht und geheilt werden müssen.

Also, warum hast du gerade diese Person angezogen?

- Wenn du einen attraktiven, flirtfreudigen Typen angezogen hast, der deine Unsicherheit und Eifersucht entflammt hat, frag dich selbst: Warum fühlte ich mich in dieser Beziehung und in mir selbst nicht sicher? Warum habe ich so viel Energie verschwendet, die auf das »unvermeidliche« Bedürfnis meines Partners fixiert war, mich zu betrügen?

- Wenn du einen übertrieben besitzergreifenden, aggressiven Typen angezogen hast, der dich nicht das Leben führen lassen wollte, das du brauchst, weißt du jetzt, dass Freiheit für eine glückliche Beziehung unerlässlich ist.
- Wenn du eine Person angezogen hast, die dir das Gefühl gab, ungeliebt und unerwünscht zu sein und ständig für ihre Liebe arbeiten zu müssen, musst du dieses Gefühl, nicht liebenswert zu sein, bis dorthin zurückverfolgen, wo es zuerst aufgetreten ist. Und dann musst du hart daran arbeiten, damit du diese Liebe und Unterstützung in dir selbst findest und sie nicht mehr bei anderen suchen musst.
- Wenn du einen anhänglichen, abhängigen Partner angezogen hast, der auf dein Glück und deine permanente Bestätigung angewiesen war, dann frag dich, warum du dich gezwungen fühlst, in deinen Beziehungen den Partner zu retten und durchzufüttern, anstatt einen ausgewogenen Austausch auf Augenhöhe zu haben.
- Und wenn du Bradley Cooper angezogen hast, mach weiter so.

Einige Partner kommen in dein Leben und vergrößern bestimmte Probleme, was normalerweise in einer Explosion (»Trennung«) gipfelt. Dann gehen sie wieder, wie kleine, auf den ersten Blick nicht leicht zu verstehende Boten in Jeans, die ihre klare Botschaft an dich hinterlassen haben. Dein Ex mag dir wie ein Riesenarschloch erscheinen, wenn er so etwas macht, aber er tut dir tatsächlich einen riesigen Gefallen.

Also. Übernimm die Verantwortung! Trage deine Trennung wie ein herrliches, rotseidenes Kleid. DU hast ihn als Partner gewählt, DU bist in der Beziehung geblieben und jetzt entscheidest DU dich dafür, nach der Trennung aufzublühen. Du bist hier kein Opfer; in der Tat ist es genau andersherum: Du bist die Einzige, die die Kontrolle hat. Hier geht es um dich, die Arbeit an dir und den Weg zu deinem glücklicheren Leben. Lass diese Gelegenheit nicht verstreichen. OMG, ich werde ernsthaft Kaffee über dieses verdammte Buch schütten, wenn du die Chance vermasselst.

ERINNERST DU DICH AN ALL DIE UNGLÜCKLICHEN DINGE, DIE ZUR TRENNUNG FÜHRTEN? ALL DIESE VERWIRRUNG UND QUAL UND VERÄRGERUNG? DAS WAR ECHT. NICHT EINGEBILDET. ALSO LASS DICH NICHT VON DEN GUTEN SEITEN EINLULLEN. ES GAB AUCH SCHLECHTE SEITEN.

Treffe ich die richtigen Entscheidungen?

Die Zeit geht weiter – für jeden einzelnen Menschen, jeden Tag, egal ob Single, in einer Beziehung, krank, gesund, jung oder alt, Inder oder Italiener. Du bist wunderbar, Liebes, aber du bist ein Mensch. Die Zeit hält für dich nicht an.

In zwei Jahren werden zwei Jahre seit dieser Trennung vergangen sein.

Du hast die Wahl, genau hier, genau jetzt, Dinge zu tun, die dich glücklich machen und dich zwingen, dich zu entwickeln und deine Zeit und dein Leben mit Freude und Produktivität zu füllen. In zwei Jahren könntest du ein Jahr lang gespart haben und ein Jahr lang gereist sein. Du könntest ein Buch geschrieben haben oder zur Abendschule gegangen sein und einen neuen Beruf erlernt haben oder ein Geschäft gegründet und eine Million Dollar verdient haben. Du könntest bei einer Krankenstation in Afrika geholfen und einen wichtigen Beitrag zu einer besseren Welt geleistet haben. Du könntest in einem Fischkostüm um die Welt geschwommen sein. (Tu es nicht.)

Du hast auch die Wahl, nichts zu tun und genauso weiterzumachen wie bisher. Nur dass du jetzt von Ressentiments und

Traum-Ich

Das Buch, das du schreiben wirst
Haar wie in deinen wildesten Träumen
perfekte Lippenfarbe
Deine zukünftige Beziehung

Wut aufgefressen wirst und verärgert bist, weil dein Ex sich weiterentwickelt hat und es ihm glänzend geht, während du auf ihn fluchst, weil er alles ruiniert hat.

Jede Wahl, die du triffst, trägt jeden Tag zu deinem zukünftigen Ich bei. Du wirst in zwei Jahren auf diesen Moment zurückblicken, aber jetzt kannst du wählen, was du in dieser Zeit erreichst. Im Leben geht es um so viel mehr als Beziehungen – glückliche oder gescheiterte. Im Leben geht es um dich, deine Entscheidungen und was du aus ihnen machst.

Denk daran: Deine Alternativen in diesem Stadium sind nicht nur »Dein Ex« oder»Für immer allein«.

Es gibt noch etwa vier Milliarden andere Möglichkeiten. Und die meisten von ihnen haben NICHTS damit zu tun, in einer Beziehung zu sein oder nicht. Wenn du auf die Entscheidungen zurückblickst, die du jetzt triffst (wahrscheinlich in einem Raumanzug auf einem Hoverboard), wirst du sehen, wie viel jede Entscheidung zählt. Achte also darauf, wie du deine Zeit verbringst, und triff deine Entscheidungen bewusst. Frag dich selbst:

- Bringen dich deine Entscheidungen voran? (Auch wenn sie wehtun – denn diese Gefühle sind ebenfalls wichtig.)
- Lähmen sie dich (sodass du in deiner Traurigkeit verharrst, ohne dich durch sie hindurchzuhangeln)?
- Ziehen sie dich zurück? (In ein ungesundes On-Off mit einem Ex, der nicht der Richtige ist?)

Wie kann ich sicherstellen, dass meine nächste Beziehung gut wird?

Eine Beziehung kann nur so gesund und gut und glücklich sein wie die Menschen in dieser Beziehung.

Ich weiß, dass du ein wunderbarer Mensch mit einem Herzen aus Gold bist und dein Ex ein totales Arschloch, das es verdient hat, in einer Flugzeugtoilette eingesperrt zu werden. Und trotzdem bitte ich dich, an dieser Stelle ganz ehrlich zu sein – so unbequem es sein mag – und zuzugeben, dass durchaus die Möglichkeit besteht, dass du in dieser Beziehung nicht hundertprozentig perfekt warst.

Ich fange mal an: In früheren Beziehungen war ich eifersüchtig, unsicher, kontrollierend und herabwürdigend, um nur einige wenige Eigenschaften zu nennen. Aber wenn du mich unmittelbar nach diesen Beziehungen gefragt hättest, hätte ich gesagt: *Er* war unzuverlässig und egoistisch – er hat mir das alles angetan. Nun, das könnte sein. Ich habe aber nicht nur gelernt: Betrug ist für mich inakzeptabel, sondern auch: Lass nicht zu, dass daraus resultierende Unsicherheit und Eifersucht normal werden, und verteidige sie nicht auch noch aggressiv. Und *rechtfertige definitiv nicht dein beschissenes Verhalten mit seinem Verhalten.* Wirklich schreckliche Idee – aber genug über mein perfektes altes Ich!

Anstatt dich damit zu beschäftigen, womit dein Ex die Beziehung vermasselt hat, stell dir selbst folgende Fragen und schreibe die Antworten auf, damit sie **real** und **durchdacht** sind und damit du anfangen kannst, **alles in Ordnung zu bringen und weiterzukommen**.

- Was habe ich getan, das zum Ende dieser Beziehung beigetragen hat?
- Was hat mir an mir in dieser Beziehung am wenigsten gefallen?
- Was will ich definitiv nicht aus dieser Beziehung in eine neue mitnehmen?
- Was habe ich in dieser Beziehung aufgegeben, was ich nicht hätte aufgeben sollen?
- Was hat mich in dieser Beziehung am meisten geärgert?
- Worüber haben wir uns am meisten gestritten?
- Wie habe ich mich in diesen Kämpfen verhalten? Anklagend? Aggressiv? Ruhig, aber innerlich kochend?
- Hätte ich doch nicht auf die Waffeln spucken sollen, die er gemacht hat, nur weil sie nicht fluffig genug waren?

Neben dem Herausarbeiten und Bearbeiten deiner Fehler (und wir alle haben Fehler, Ms Perfect) ist es wirklich wichtig, darüber nachzudenken, wie viel Zeit und Energie du in der Beziehung in dein Glück gesteckt hast.

U-Bahn-Plan
Nach einer Trennung
Sein letzter Instagram-Post
Laden, in dem wir das Armband ge-kauft haben
Erster Kuss
Studio vom WG-Mit-bewohner seines Cousins
Geteilter-Regenschirm-Strecke
Sein Lieblings-café
Ort des Sonntag-abend-Picknicks
Sein Büro
Ort der Trennung
Letzter Kuss
Hinterste Reihe des Kinos
Sein Zahn-arzt
Seine Wohnung
Seine Reinigung
Da wohnt sein Freund

- Warst du nur glücklich, solange du von deinem Ex gehört hast bzw. solange er sich auf von dir abgesegneten Bahnen bewegt hat?
- Hat dich die Beziehung von deinen Freunden und deiner Familie entfernt?
- Hattest du das Gefühl, andere Dinge zu verpassen, während du in dieser Beziehung warst?
- Haben eure Streits und Auseinandersetzungen deine Freunde verärgert?
- War das Verhalten von dir oder deinem Ex ständiges Gesprächsthema, wenn du mit Freunden zusammen warst?

Ein erfülltes, reiches Leben hängt nicht von einer anderen Person ab. Single zu sein, sogar frisch Single und traurig zu sein, ist die ALLERBESTE Zeit für dich, daran zu arbeiten, dich und *nur dich* für dein Glück verantwortlich zu machen. Der richtige Partner und die richtige Beziehung werden dieses Glück steigern, aber sie werden nicht dafür ausschlaggebend sein.

Was auch immer zwischen dir und deinem Ex passiert ist:
Lass es nicht umsonst sein.

Führe eine umfassende »Leistungsbeurteilung« in der Rückschau durch, um herauszufinden, was schiefgelaufen ist und was du ändern musst. Dann wirst du a) ein fantastisches, aufregendes, neu gestaltetes Leben als Single-Lady haben. Und b) bringst du, wenn der richtige Zeitpunkt gekommen ist, die allerbeste Person (dich) zur allerbesten Party (eine von Grund auf glückliche, kompatible, gesunde Beziehung) mit und verbringst eine wunderbar schwerelose, angenehme, erfüllte Zeit mit Unmengen von Salt-and-Vinegar-Chips, weil das die besten Chips sind, die man auf Partys essen kann, sogar auf fiktiven.

Außerdem: Wenn du weiterhin den gleichen Typ von Partner suchst und immer wieder mit dem gleichen Ergebnis endest, dann ist das vielleiiiiiiiiiicht ein Zeichen, dass du dich mit einem anderen Persönlichkeitstyp verabreden solltest. (Ohne dich in eine Ecke stellen zu wollen, aber ist es nicht Wahnsinn per Definition, immer und immer wieder dasselbe zu tun und trotzdem ein anderes Ergebnis zu erwarten?)

Die gute Nachricht: Wenn du änderst, wer DU bist, wirst du automatisch eine andere Art von Partner anziehen. Was für ein fantastischer Nebeneffekt. Bravo.

Wenn du es nur glauben könntest: Das Leben *geschieht* dir nicht, sondern es geschieht **für und durch dich**.

WAS AUCH IMMER ZWISCHEN DIR UND DEINEM EX VORGEFALLEN IST: LASS ES NICHT UMSONST PASSIERT SEIN. LERNE DARAUS! WACHSE! ÖFFNE DEINE AUGEN! VERABREDE DICH NIE WIEDER MIT EINEM EGOISTISCHEN, BETRÜGERISCHEN VOLLIDIOTEN.

Mir ging's super, aber jetzt nicht mehr

Es ist nicht einfach oder ganz natürlich, nach einer Trennung eine kühle, ruhige, gesammelte, funktionierende Frau zu sein. Es ist wirklich verdammt hart. Aber es ist *notwendig*. Es ist eine Art Schutzpanzer, den wir tragen, um durchzukommen. Mit anderen Worten, du bist im Grunde genommen eine Schildkröte. (Eine wirklich hinreißende mit tollen Schuhen.)

Aber trotz bester Absichten und übernatürlicher Herzenskraft und gerade wenn du denkst, dass es dir SO GROSSARTIG geht, wirst du fallen. Du siehst deinen Ex und die Schmerzen sind wieder da, oder du nimmst Kontakt zu ihm auf, wenn du dich verletzlich fühlst (oder sogar wenn du dich stark und eigenständig fühlst), oder du triffst dich mit ihm. Oder du fällst einfach grundlos in ein emotionales Loch. Und es haut dich schlicht und einfach um.

Das ist normal. Es ist nicht toll, aber es ist normal. Das geht uns allen so. Ich schlief einmal mit meinem Ex am selben Tag, an dem ich alle seine Sachen in einem »Ich-bin-total-über-dich-hinweg«-Kraftakt eingelagert hatte. Vergangenheit!

Schiebe die traurigen und schlechten Gefühle nicht weg: Lass sie zu. Die Verdrängung eines Mini-Zusammenbruchs oder eines Rückfalls führt nur dazu, dass es beim nächsten Mal umso schlimmer kommt, wie eine Grippe, die du mit Medikamenten unterdrückst.

Der beste Weg, wieder auf die richtige Spur zu kommen, besteht darin, nicht zu hart zu sich selbst zu sein und sich **auf Dankbarkeit zu konzentrieren**. Es ist unmöglich, ängstlich, niedergeschlagen oder wütend zu sein, während du dankbar bist. Es ist das Gegengift. Wenn du dich wirklich dankbar fühlst für das, was du gerade in deinem Leben hast, kannst du zur gleichen Zeit keine selbstzerstörerischen Gefühle jeglicher Art erleben. *Ich meine es ernst.*

Bemerke und wertschätze den ganzen Tag lang jeden schönen Moment, all die kleinen Gewinne und Freuden in deinem Leben. Der Barista hat mit dir geflirtet? Bemerkt. Dein

Mitbewohner hat gekocht? Bemerkt. Du hast ein neues Auto in der Lotterie gewonnen? Bemerkt. All diese Dinge zählen.

Tony Robbins lehrt eine zweiminütige Dankbarkeitsübung namens *Emotional Flood*, die extrem kraftvoll und sehr beruhigend ist, wenn du panisch bist, und die dich wieder aufheitern wird, wenn es nicht gut läuft. Das garantiere ich dir. Bitte google die komplette Übung jetzt gleich. (Ich würde sie hier detailliert beschreiben, aber obwohl Tony echt nett aussieht, denke ich, dass er ein wenig angepisst sein könnte, wenn ich seine Arbeit einfach klaue.)

Ich weiß, was du gerade denkst: Kannst du Müsli zum Abendbrot essen, wenn du Eier zum Frühstück hattest? Können diese blödsinnigen Atemübungen bitte aufhören? Gib der Sache eine Chance. Dankbarkeit verdient Respekt. Sie ist ein kraftvoller Stimmungsaufheller und Perspektivenverschieber. Wir alle vermasseln es manchmal, aber es ist nicht hilfreich, sich selbst zu geißeln. Du musst nur wieder auf Kurs kommen. Lies, höre oder betrachte Dinge, die bewirken, dass du dich stark fühlst. Verbringe Zeit mit inspirierenden Menschen. Und mach dir klar, dass es immer etwas gibt, wofür man dankbar sein kann. Immer. Im Moment brauche ich zum Beispiel ein Klo, und ich weiß, dass es oben eine Toilette mit Toilettenpapier und schöner Handseife und toller Handcreme gibt, was bedeutet, dass ich nicht hinter einen Busch pinkeln muss. Und dafür bin ich dankbar.

AN DIR FEHLT NICHTS,
WENN DU ALLEIN BIST.
ABSOLUT NICHTS.
DU BIST GENUG!

Vielleicht ist es nicht wirklich vorbei?

Oooh, stell dir vor: *Doch, das ist es.* Und zum Teufel noch mal, du musst das endlich akzeptieren.

Dein Ex und diese Beziehung sind passé. Punkt. Das alles liegt in deiner Vergangenheit. Wie ein Kleinkind zu sein oder den ersten Zahn zu verlieren: Es ist passiert und jetzt ist es vorbei. Du kannst nicht zurück.

Einen verlorenen Zahn kann man nicht zurückgewinnen.

Zu denken, dass deine Beziehung nach einer Trennung noch nicht vorbei ist, ist so hilfreich wie ein weißer Stift auf weißem Papier.

Selbst wenn ihr beide noch mal zusammenkommen solltet (und erinnere dich, die Statistiken sind gegen euch), ist es im Augenblick weitaus vorteilhafter, sich vorwärtszubewegen, zu glauben, dass es vorbei ist, und mit dem Leben weiterzumachen. Und mit der Strickerei, zu der du nie Zeit hattest.

Egal was auf der Strecke passiert – ob du nun ein paar Jahre lang brav an deiner Karriere arbeitest und solo unterwegs bist, ob du einen neuen Partner oder eine neue Version deines alten Partners aufgabelst – der beste und zielführendste Weg, deine Trennung einzuordnen, ist einzusehen, dass alles, was existierte, gestorben ist und in den Beziehungshimmel (oder die -hölle) eingegangen ist.

Beziehung
R.I.P.

Mir geht's
ganz gut ...!

Mir geht es gut. Sogar besser ...? 182

Ich habe gestern jemanden abgeschleppt! 186

Soll ich ihm einfach *vergeben*? 190

Vielleicht *gehe* ich auf diese Party. 196

Woher weiß ich, dass ich wieder bereit für eine Beziehung bin? 199

Die Kunst, im besten Sinne egoistisch zu sein 207

Tipps für deine nächste Beziehung 211

Mir geht es gut. Sogar besser ...?

Schau, ich diskutiere diese Seite der Dinge nicht groß, denn dieses Buch ist hauptsächlich für diejenigen, die nach einer Trennung keine sehr schöne Zeit haben. Aber nicht alle Trennungen sind eine traurige Angelegenheit.

Eine Trennung KANN eine positive Sache sein. Durchaus!

Du hättest UNGLÜCKLICHER in deiner Beziehung sein können und GLÜCKLICHER, als sie vorbei war. Du könntest *feiern.* Du könntest nervös werden, weil du dich so frei und losgelöst fühlst!

Wenn dein Partner oder deine Beziehung ein Irrtum war, eine ständige Quelle von Stress, oder wenn dein Ex dich zu einem schlechteren Menschen gemacht hat, als du bist, oder wenn du seit Ewigkeiten mit der Idee gespielt hast, dich zu trennen: Dann ist es höchstwahrscheinlich, dass du viel glücklicher sein wirst, wenn du endlich frei von dieser Beziehung bist. Einige Beziehungen sind erschöpfend und müssen beendet werden. Das ist die schlichte Wahrheit. Wenn du dein allgemeines Glücksempfinden auf einer Skala als 4/10 einordnen würdest, solange du mit ihm zusammen warst, wird es nicht auf 3/10 *absinken,* sobald du Single bist, sondern es wird *steigen.* (Du wirst bald eine schimmernde 9/10 erreichen, glaube mir.)

Bist du jetzt glücklicher?

JA

Gut.
Hab ich mir gedacht.

NEIN

Bleib dran.
Bald bist du es!

Jeden Tag, an dem du Single bist, erwarten dich erstaunliche Möglichkeiten: Du kannst zum Abendessen frühstücken, unverschämt auf Tinder flirten und wirklich schlechte Fernsehserien schauen, nur als Beispiel. Entscheidend ist, dass du an Dynamik und Stärke gewinnst. Tag für Tag schleichen sich mehr Selbstvertrauen, Freude und Unabhängigkeit in dein Leben.

Mein Kalender

So	Mo	Di	Mi	Do	Fr	Sa
Salsa-kurs	Maniküre	Kinoabend	Pyjama-abend zu Hause	Schaumbad	Verabreden zum Ausgehen	wozu auch immer ich Lust habe

Empfehlung: Beziehungs-Idole

Paare in einer glücklichen, respektvollen, liebevollen Beziehung wirken als großartige Liebesinspiration und bieten eine fantastische Vorlage für eine gesunde, erfüllende Beziehung. Ich empfehle dir, einige Beziehungs-Idole zu finden und ihre Arbeit unauffällig zu bewundern. Meine Idole befinden sich schon in ihren späten Sechzigern, sind seit 40 Jahren verheiratet und die Verkörperung meiner Vorstellung von Liebe. Sie sind aktiv, sozial, eingebettet in Familie und Freundeskreis und reisen viel. Sie sind freundlich zueinander und beide wirken auch nach all der Zeit ziemlich begeistert über ihre Beziehung mit dem anderen. Was ich jedoch am meisten bewundere, ist ihre gegenseitige Hochachtung und dass sie diese äußern. Sie parkt mit einem perfekten Schwung rückwärts ein und er beglückwünscht sie. Er kocht eine einfache Pasta zum Abendessen und sie erklärt ihm, dass es großartig schmeckt, sein magisches Gericht. Das ist echt und aufrichtig: Sie sind wahre Teamkollegen und sich gegenseitig die Besten.

Sie pupsen beide zu viel, aber das lass ich durchgehen.

Beziehungs-Idole

Paar auf Facebook, das gerade genug teilt und immer unterwegs auf Abenteuern ist

Ich habe gestern jemanden abgeschleppt!

WAR ES DEIN EX?

Oh, cool. Und mit cool meine ich »NEIN!«.

Bitte schlaf nicht mit deinem Ex. Du weißt, warum. Weil es dich erneut in Verwirrung stürzt. Weil du jetzt durch den Wind bist, auch wenn du es gestern nicht warst. Denn wenn ihr so weitermacht, entwickelt immer mindestens einer Gefühle. Wir haben es alle schon getan und wir wissen es alle besser, aber wir sind auch keine Roboter und wir vermasseln manchmal etwas. Aber denk dran: Selbst wenn der Sex an sich vertraut und fantastisch ist, wird er alte Wunden öffnen und dich verletzlich machen, und das zu einem Zeitpunkt, an dem du definitiv nicht noch mehr Verletzungen gebrauchen kannst.

Wenn du Gefahr läufst, mit ihm zu schlafen, frag dich selbst: Wie werde ich mich morgen fühlen, wenn er nicht anruft oder schreibt? Verärgert, wütend, verletzt, entblößt, benutzt und mordlustig? Dann tu es nicht. Bitte nicht. Sollte deine Antwort lauten, dass es dir gut gehen wird, dass es nur Sex ist und du nichts mehr von ihm willst, dann bist du wahrscheinlich eine Lügnerin, aber ich muss dir vertrauen.

Ex-Sex ist wie das Drücken der Rückspultaste bei all deiner harten Arbeit nach der Trennung. Mit etwa 30-facher Geschwindigkeit. Belohne jemanden, der dich verletzt hat, nicht mit Sex. Tu nicht so, als würde sich alles wie von Zauberhand ändern, nachdem ihr miteinander geschlafen habt.

Wenn er dich wirklich zurückhaben will, stehen ihm ungefähr 79 Millionen Arten, dir das zu zeigen, zur Verfügung, und Sex ist nicht dabei. Und wenn du *ihn* wirklich zurückwillst? Mit ihm ins Bett zu gehen ist nicht der richtige, sondern ein Irrweg.

WAR ES MIT JEMAND NEUEM?

In meinen Zwanzigern, als ich frisch Single und am Boden zerstört war, erzählte mir eine Freundin, dass sie noch in derselben Nacht, in der sie sich von ihrem Partner getrennt hatte, Sex mit einem Fremden hatte. »Hat sehr geholfen«, sagte sie.

Bei mir dauerte es jedoch ein paar Monate. (Ich wählte einen Kerl, den ich schon immer gut gefunden hatte und von dem ich wusste, dass er kein Serienmörder war … Aber ich musste immer noch weinen, während wir Sex hatten, und ging um 5 Uhr morgens heim – sexy.). Was ich sagen will: Wann und mit wie vielen Typen man nach einer Trennung ins Bett geht und wie man das verarbeitet, ist eine komplett individuelle Erfahrung.

Einvernehmlicher und sicherer Sex kann – wenn du bereit dazu bist – viel Spaß machen. Es ist nichts falsch daran – er kann sogar nützlich sein, wenn du all die nach der Trennung nötigen Gefühlsrekonstruktionen schon hinter dir hast, an einem guten Ort bist und ein paar Autos testen willst, nachdem du drei Jahre lang den gleichen Toyota gefahren bist.

Aber es kann dich auch zurückwerfen, wenn es aus den falschen Gründen passiert. Zum Beispiel aus Rache an deinem Ex. *Er weiß doch gar nicht, was und mit wem du es vorhast.* Und warum interessiert es dich überhaupt, was er denkt?

Rache bringt keine Heilung. Tu es für dich. Für niemanden sonst.

Wenn du dich abgelehnt oder wertlos fühlst und denkst, dass ein One-Night-Stand dir das Gefühl gibt, wertvoll und begehrenswert zu sein, kann es sehr entmutigend sein, wenn es das nicht tut – und das ist unvermeidlich. Denn alle blitzschnell auftauchenden emotionalen Bindungen sind nicht gegenseitig (weil One-Night-Stands von Natur aus beiläufig und vorübergehend sind). Und wenn du es tust und es dir keinen Spaß macht oder wenn du dich am nächsten Tag noch schlechter fühlst, bist du vermutlich noch nicht ganz bereit dafür. Sogar oder besonders dann, wenn es mit einem Freund oder einem Ex vor dem Ex passiert (beides häufig bei frischen Singles). Oder du hast eine andauernde Bettgeschichte mit derselben Person, die anfangen kann, wie eine Quasi-Beziehung auszusehen und sich auch so anzufühlen. Aber wenn man genauer hinschaut, ist sie in Wirklichkeit hohl, gefüllt mit nur ein paar dieser kleinen Styroporkugeln, wie sie in zerbrechlichen Lieferungen verwendet werden, die auf dem Boden herumrollen.

Bettgeschichten sind nicht gleichzusetzen mit einer Verbindung oder einer Beziehung. Sie bedeuten körperliche Intimität ohne Bindung. Genieße es. Und wenn es dir nicht gefällt? Lass es bleiben.

»Manchmal müssen gute Dinge vorbeigehen, damit bessere folgen können.«

Marilyn Monroe

Soll ich ihm einfach *vergeben*?

Wenn dein Ex dich betrogen oder bestohlen hat oder dich mit olympiareifem Geschick belogen und getäuscht hat, bist du wahrscheinlich immer noch sauer. Du fühlst dich vielleicht »besser« und machst weiter und bist auf einer Alltagsebene auch glücklich, aber deine Wut auf das, was er getan hat, brodelt in dir vor sich hin und verbraucht passiv Energie, während du mit deinem Leben weitermachst …

… bis du ihn siehst oder etwas über ihn hörst oder natürlich über ihn redest, denn dann wird die Wut freigesetzt – und jede Menge Schimpfwörter dazu.

Ich bin nicht hier, um dir zu sagen, dass deine Wut nicht erlaubt ist. Oder die Ressentiments. Als ob du nicht von einem total miesen Typ verarscht wurdest. Aber ich *bin* hier, um dir zu sagen, dass es kein gesunder Verbrauch von Energie ist. Deine Wut dient keinem Zweck, und mit der Zeit kann sie dich auffressen wie Nagellackentferner die Oberfläche deiner Kommode. (Ist das nur mir passiert?)

Also, verarbeite das. Verstehe den Grund, warum du wütend auf diese Person bist, aber schenke ihr nicht noch mehr Energie und Zeit, indem du alles immer wieder durchkaust.

Als sich herausstellte, dass ein Ex von mir mich betrogen

Aber du wusstest doch schon nach unserem ersten Date, dass ich ein Idiot bin.

Aber du wusstest doch auch, wie ich bin: empfindlich, romantisch und vertrauensvoll.

»Wenn du verzeihst, schenkst du einem Gefangenen die Freiheit und entdeckst, dass du selbst der Gefangene warst.«

Lewis B. Smedes

hatte (regelmäßig und mit roboterähnlicher Präzision), war ich ein wenig wütend, aber nur so viel wie, sagen wir, alles Wasser aller Ozeane der Welt zusammen.

»Du musst *verzeihen*«, sagte meine Mutter. »Es ist unglaublich befreiend. Lass deinen Zorn nicht gären!«

»VERGISS ES«, sagte ich. »Weißt du überhaupt, was er mir angetan hat? Deiner geliebten Tochter?«

»Ich habe nicht gesagt, dass du verzeihen musst, was er GETAN hat«, sagte sie. »Aber du musst *ihm* verzeihen«, sagte sie. »Vergib der Person, aber nicht der Tat.«

Sie hatte natürlich recht. Wütend auf einen dummen, fehlbaren Menschen zu sein ist Zeitverschwendung. Wir alle vermasseln Dinge. Wir alle verletzen Menschen. Manchmal wissentlicher, als legal ist, aber trotzdem: **Lass das los.**

Schicke ihm Liebe und schicke ihn weg. Wenn er wirklich so ein Scheißkerl ist, wird er weiterhin betrügen und zukünftige Partner anlügen und wird sowieso nie glücklich sein. Vertrau mir. Es ist ein Fluch. Lass ihn gehen. Verwöhne ihn nicht, indem du Energie verschwendest, weil du wütend auf ihn bist.

Darauf jedoch, was er GETAN hat – darauf darfst du wütend sein. Das ist eine Tat. Etwas, das wirklich wehtut. Also, sei wütend darauf. Du bist zornig, weil es dein Herz und deinen moralischen Kompass verletzt hat, und das ist nichts, was du ändern solltest. Es ist wichtig, deine Beziehungs-No-Gos zu kennen, und das ist eindeutig eines von ihnen.

Wie man die beiden unterscheidet: Die Tat wird Wut hervorrufen, aber eine sanftere, kopfschüttelnde Wut, da es schwer ist, auf etwas Unbelebtes zornig zu sein. Wütend auf den Menschen zu sein, ist stärker: Das Reptilienhaupt erhebt sich, alte Schmerzen steigen auf und Emotionen und Erinnerungen fließen.

Ich erinnere mich, dass ich über diesen Ex ein paar Jahre später mit einer Freundin gesprochen habe. »Bist du immer noch wütend?«, fragte sie. Ich dachte darüber nach. Als sein Name auftauchte, war ich hin- und hergerissen. Ein paar halb vergessene Gefühle kamen hoch, und ja, da war noch Wut. Aber damit war ich einverstanden. Ich bin eine leidenschaftliche, emotionale Frau und ein wütender und kompromissloser Löwe. Natürlich bin ich immer noch wütend auf das, was er getan hat. Wahrscheinlich wird das immer so sein. Aber ich bin auch dankbar. Denn wenn das nicht passiert wäre, wäre ich nie da, wo ich heute bin und wo ich tiefes und echtes Glück spüre. Vergebung ist ein Geschenk an DICH. Nicht an ihn. Also, sei nicht so sparsam, du Geizhals.

»Räume niemandem, der es nicht wert ist, die Macht ein, deine Gedanken zu beschäftigen. Wenn diejenigen dich weder der Mühe noch der Zeit wert finden, warum solltest du deine verschwenden?«

Donna Lynn Hope

Vielleicht *gehe* ich auf diese Party.

Natürlich wirst du! Du bist Single, Herzchen! Sobald du ein paar Wochen, Monate oder Jahrzehnte (wir sind alle verschieden) getrauert, geweint und alles verdaut hast, bist du gesetzlich verpflichtet, zu jeder einzelnen Einladung, die in dein Telefon oder deinen Posteingang flattert, Ja zu sagen. Du musst!

Hier kommen die Gründe, warum:

- Du kannst dich in deinen Lieblingssachen schick machen und dich gut fühlen.
- Du kannst dein Haar machen lassen, denn eine gute Frisur = 100 zusätzliche Selbstvertrauenspunkte.
- Du wirst einige andere Dinge essen und trinken als Toast und Tränen.
- Du musst sehen, dass das Leben außerhalb deines Zuhauses/deiner Trennung weitergeht.
- Du wirst sehen, dass es viele Singles auf der Welt gibt und dass sie immer noch am Leben sind.
- Du wirst nur circa zwei neue Leute treffen, die du mögen wirst, aber das ist okay.

All diese Dinge sind möglich:

- Du triffst jemanden, der interessant ist (sexy interessant oder freundschaftlich interessant).
- Du gehst früh nach Hause – desillusioniert und traurig.
- Du hängst mit einem Paar rum, das dich daran erinnert, wie gut eine Beziehung sein *kann.*
- Dir wird klar, wie viel Spaß deine Freunde haben und dass du sie vermisst.
- Dein Tanz erhält eine Auszeichnung (möglich, aber nicht wahrscheinlich).
- Du betrinkst dich hoffnungslos.
- Du gabelst jemanden auf.
- Du rufst unter Tränen deinen Ex an.
- Du kehrst erst am nächsten Morgen heim.

- Du wachst zu Hause auf und bist stolz auf dich.
- Du wachst *nicht* zu Hause auf und es fühlt sich nicht ganz richtig an.
- Du hast echt eine spaßige Nacht.
- Du fühlst dich mies und traurig und weißt, dass es zu früh war, wieder mit dem Feiern anzufangen.
- Du hast den Kater deines Lebens.

Einige dieser Dinge sind gruselig und unappetitlich. Aber jede einzelne Person steht vor genau den gleichen Ängsten und jeder dieser Menschen schafft es schließlich da durch. Auch du musst da durch!

Und wenn du wissen willst, ob du schon bereit dazu bist, bleibt dir nichts anderes übrig, als es auszuprobieren. Das bedeutet mutig zu sein. Ein Risiko einzugehen. Die Angst zu spüren und es trotzdem zu tun – das Schlimmste, was passieren kann, ist, dass du früh nach Hause gehst und dich mit einer Tasse Tee zu den *Gilmore Girls* zurückziehst. Und dann wirst du es nächste Woche wieder versuchen. Weil du hart im Nehmen bist. Aber hör *immer* auf dein Bauchgefühl. Wenn dein Bauchgefühl jammert und protestiert und NEINNEINNEIN sagt, dann hör darauf. Aber wenn es nur dein Kopf und dein Herz sind, die sich als Feiglinge aufführen, dann darfst du sie überstimmen. Sie sind großartig und ohne sie könntest du keine Gabel halten oder atmen, aber der Bauch ist der Boss, und wenn er keinen Piep sagt, zieh deine schicksten Stiefel an und mach dich auf die Socken!

Woher weiß ich, dass ich wieder bereit für eine Beziehung bin?

Du erhältst eine E-Mail vom Club der gebrochenen Herzen, in der deine Mitgliedschaft gekündigt wird. Hahahaha. Das hättest du wohl gerne!

Nein, wie alles bei diesem Abenteuer ist es für jeden Beteiligten und bei jeder Trennung anders. **Nur du wirst das wissen.** (Und ich *natürlich.*)

Hier sind einige Punkte, die du überprüfen solltest, bevor du mit *ernsthaften* Dates anfängst:

BIST DU IMMER NOCH WÜTEND ODER VERBITTERT ÜBER DEINEN EX ODER DIE TRENNUNG?

Großartig! Dein neuer Partner wird alles darüber erfahren wollen. Ich scherze. Das wird er absolut nicht. Niemand wird das. Das Loslassen von Wut ist ein entscheidender Schritt in Richtung Fortschritt. Arbeite weiter daran.

BIST DU DERZEIT DEIN BESTER FREUND UND EIN BISSCHEN IN DICH VERLIEBT?

Bist du glücklich? Fühlst du dich zuversichtlich? Fit? Gesund? Hast du ein paar tolle Dinge in deinem Leben am Laufen, die dich

Dates können guttun

zweite Dates (sind sogar etwas netter als erste Dates)

Die Sekunden vor dem allerersten Kuss (sind absolut einmalig!)

Sich fertig machen bei Partymusik

Wenn es regnet und ihr gezwungen seid, euch zu berühren

Gemeinsamkeiten feststellen

Wenn du beginnst zu heilen

zufrieden machen und dir ein gutes Gefühl geben? GUT! Das ist so was von gut.

HAST DU WEISSWEIN UND CHIPS ZUM ABENDESSEN SATT?

Du kannst deinen Körper nur so lange wie Dreck behandeln, bis er traurig wird und du Skorbut entwickelst. Dass du dich gut um dich selbst kümmerst, weil du es willst, ist ein Zeichen, dass du vorangekommen bist.

KANNST DU EINEN GANZEN TAG LANG DEINEM EX NICHT HINTERHERSCHNÜFFELN ODER AN IHN DENKEN?

Fantastisch! Olympiareif! Außerdem: Warum stalken? Damit bist du durch! Wenn du Entscheidungen treffen oder Orte besuchen kannst, ohne dich zu fragen, ob er da sein wird oder was er denken könnte, lebst du wirklich dein Leben, mit deinem eigenen freien Willen. Und das ist fantastisch.

BIST DU MIT DIR SELBST GLÜCKLICH UND AUF GESUNDE ART BESCHÄFTIGT ODER BIST DU HYPERAKTIV, UM ZU VERDRÄNGEN?

Ich bin Expertin darin, mich in Projekte, Arbeit und soziales Leben zu stürzen, während ich noch schwer an einer Trennung zu knabbern habe. Aber diese Art von Tempo ist nicht nachhaltig. Wenn du dich in deiner eigenen Gesellschaft wohlfühlst und keinen blinden Aktivismus an den Tag legst, ist das ein gutes Zeichen dafür, dass du nicht mehr versuchst, Schmerzen zu übertünchen. Und das ist GROSSARTIG.

»Glücklich zu sein ist die beste Rache überhaupt. Nichts regt Menschen mehr auf, als jemanden zu sehen, der ein verdammt gutes Leben führt.«

Chuck Palahniuk

KANNST DU SEINEN NAMEN HÖREN, OHNE ZUSAMMENZUZUCKEN?

Ich erwarte nicht, dass du begeistert bist, wenn du hörst, dass er sich mit jemand Neuem trifft oder nach London zieht oder wenn ein gemeinsamer Kumpel dir erzählt, dass dein Ex dich zurückhaben will. Aber wenn du nicht länger Angst, Wut, Schmerz oder einen Blitz der Verärgerung spürst, bist du auf dem richtigen Weg.

HAST DU AUFGEHÖRT, DICH AUF IHN ZU BEZIEHEN ODER ALLES MIT IHM ZU VERGLEICHEN?

»Also, als Chris und ich in Berlin waren« … »Nils würde niemals *Bauer sucht Frau* mit mir sehen wollen« etc. Wenn du lange Zeit mit jemandem zusammen warst, ist es normal, dass sein Geist bei dir rumlungert. Aber du musst aktiv gegenwirken. Schneide ihn aus deinem Wortschatz heraus und werde ALLE seine Sachen und Erinnerungsträger los.

BIST DU DURCH RASENDE WUT/VERLEUGNUNG/SCHMERZ/GROLL/ TRAURIGKEIT/EINSAMKEIT GEGANGEN?

Es gibt klassische Trauer-, Wut- und Akzeptanzphasen bei Trennungen, unabhängig von den Umständen. Wenn du das Gefühl hast, dass du alle durchgemacht hast und dich jetzt konstant gut/ normal fühlst, ist das etwas, worauf du wirklich stolz sein kannst.

BIST DU BEREIT, WIEDER ZU VERTRAUEN – UND ZU LIEBEN?

Irgendwann ist es genug. Betrogen, belogen, verlassen … all das tut wirklich weh, aber es sollte deine Perspektive auf ein ganzes

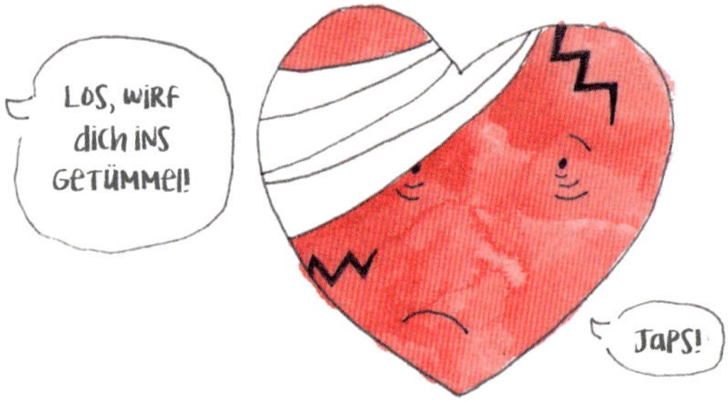

Geschlecht oder die Liebe im Allgemeinen nicht für immer beeinträchtigen. Nicht alle Männer sind Betrüger. Nicht alle Frauen sind Verräterinnen. Nicht alle Hunde furzen. Jeder Mensch ist einzigartig und verdient eine neue Perspektive und Chance. Wenn du daran glaubst, dass es überall loyale, anständige, liebevolle, freundliche Menschen gibt (und die gibt es) und dass einer von ihnen perfekt für dich ist (und das ist er), können wunderbare Dinge geschehen.

FÜHLST DU DICH SCHIKANIERT, WENN DIE LEUTE DIR SAGEN, DU SOLLST DICH WIEDER INS GETÜMMEL WERFEN?

Diese Leute sind trotz ihrer guten Absichten nervtötend, und die Tatsache, dass du zurückschreckst, bedeutet, dass die Zeit noch nicht reif ist. Du wirst einfach wissen, wenn es so weit ist. An einem Tag ziehst du deinen Kaffee am Automaten, am nächsten Tag bemerkst du einen smarten Typen, der dich quer durch das Café hindurch anlächelt. Der Umschwung kann ganz schnell und leise geschehen. Lass dir Zeit.

DAS LOSLASSEN VON SCHMERZ UND WUT KANN DIR UNMÖGLICH ERSCHEINEN. ABER DU MACHST ES BEREITS. JEDEN TAG, DER VERGEHT, LÖST SICH ETWAS MEHR SCHMERZ AUF UND ETWAS MEHR FREUDE SCHLEICHT SICH WIEDER EIN. MAGIE!

Single-Leben

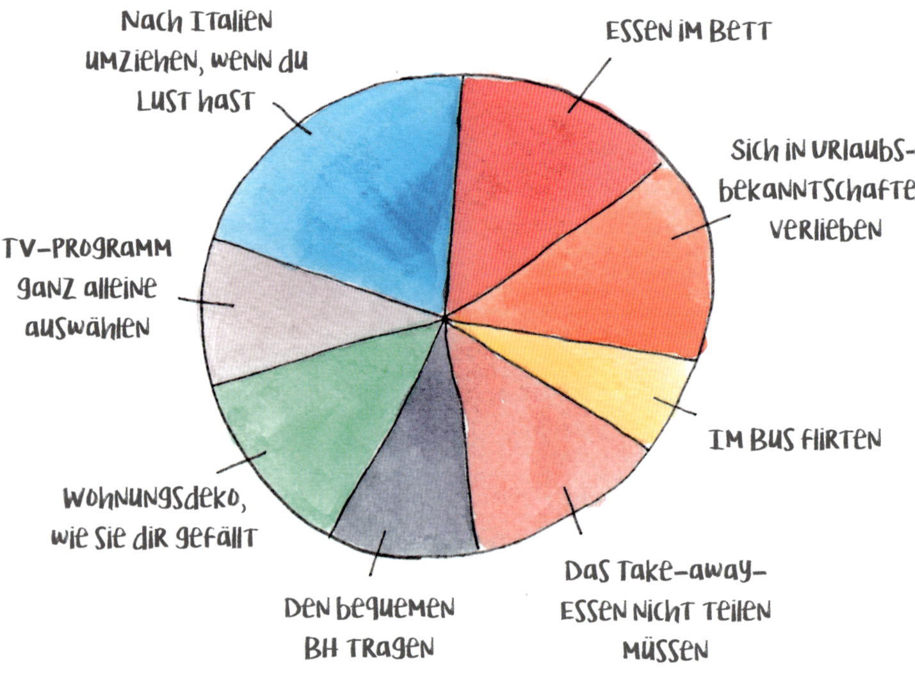

Die Kunst, im besten Sinne egoistisch zu sein

In diesem Buch ging es viel darum, dass man in einer Beziehung war oder wie die nächste sein könnte und was man zwischen diesen beiden Torpfosten tun sollte. Aber Single zu sein sollte NIEMALS als Lückenfüller betrachtet werden. Es ist der wichtigste Teil! Es ist die Beziehung zu DIR, die mehr zählt als jede andere! Komm mit dir selbst klar!

Hör zu: Viele von uns haben nur wenige Jahre ihres Erwachsenenlebens, in denen sie, wenn überhaupt, Single sind. Der Rest geschieht im Zweierpack. Aber: Was besonders kurz währt, muss besonders gut sein.

Es gibt nichts am Single-Dasein zu befürchten. Es ist weder unnatürlich noch ungewöhnlich und sicherlich kein Grund, sich zu schämen. Mit voller Hingabe und Freude Single zu sein ist das Wichtigste, was man in seinem Leben für emotionales Wachstum, für Selbstvertrauen und Spaß tun kann. Du kannst dich um DICH kümmern, ohne dass sonst jemand deine Träume, deine Bedürfnisse, deine Wünsche und deine Ziele stört.

Hör zu: Wenn du als Single nicht glücklich bist, wirst du es auch in einer Beziehung nicht sein. Das Beste, was du tun kannst, ist, dein jetziges Leben so zu gestalten, dass du glück-

»Was ist eine Königin ohne ihren König? Nun, historisch gesehen, deutlich mächtiger.«

Unbekannt

lich bist. Wenn und falls die Zeit reif ist, wähle jemanden, der es teilt. Halte eine Beziehung nicht für die Antwort. Das ist sie nicht.

Ich nenne es positiven Egoismus. Er kommt erst zum Tragen, wenn du an den traurigen/wütenden Genesungsmomenten vorbeigezogen bist – aber verdammt, es ist es wert zu warten. Plötzlich bist du wieder glücklich. Der Heilungsprozess deines wunden Herzens ist prima vorangeschritten, dein Selbstbewusstsein ist wieder da, du bist begeistert von all den Möglichkeiten, die vor dir liegen, und stehst wieder voll im Saft.

Verschwende es nicht. Denk darüber nach, wer du sein willst, wer du jetzt bist und wie du die Lücke dazwischen schließen kannst. Denk an deine Ziele. Beginne mit der Arbeit an dir.

Sortiere dich – emotional, finanziell, kleidungstechnisch. Geh nach Thailand oder Kroatien oder Afrika. Tu all die Dinge, auf die du im Alter von 50 Jahren mit einem Lächeln zurückblicken wirst … und nicht mit Bedauern, weil du sie nie in die Tat umgesetzt hast, obwohl du es immer wolltest.

Du bist NICHT in einem Wartezimmer, wo du darauf hoffst, dass sich jemand Neues entscheidet, dich zu lieben. Du hast ein magisches Gratisticket erhalten, um eine atemberaubende neue Version von dir und deinem Leben zu erschaffen – dies ist eine freudige und aufregende Zeit. Wenn das Leben wirklich eine Schachtel Pralinen ist, dann ist jetzt der Moment, wo du dir die besten aussuchen kannst. Die, die du *eigentlich* essen willst, nicht die mit Marzipan, die du immer bekommst.

Und doch! So viele von uns überspringen diese herrliche

kleine Periode, weil sie Angst haben, allein zu sein, und fälschlicherweise glauben, dass Alleinsein und Einsamkeit dasselbe sind. Das sind sie keinesfalls. Du kannst 200 Freunde haben, einen tollen Job, Säcke voller Geld, einen Liebhaber und dich trotzdem unglaublich einsam fühlen. Einsamkeit ist die mit Schmerz verbundene Erlebensseite des Alleinseins. Alleinsein kann genauso mit positiver spiritueller Bedeutung aufgeladen sein. Es bedeutet, aufzuwachen und zu entscheiden, was man tun will, sich freudig frei zu fühlen, zu wissen, dass man alles tun kann, alles sein kann.

Ironischerweise scheint gerade dieser Zustand Partner anzuziehen. Ärgerlicherweise können Frauen, die den positiven Egoismus genussvoll ausleben, das normalerweise nicht allzu lange tun. **Denn eine Frau, die ihr Leben in vollen Zügen genießt und sich weder darum kümmert, einen neuen Liebhaber zu finden, noch um einen alten trauert, ist UNWIDERSTEHLICH.**

Dies könnte die eine/letzte Chance für dich sein, alleine zu leben, mittags aufzustehen, Rosinenbrot zum Abendbrot zu essen, drei Nachtkurse zu belegen und der Intimrasur den Stinkefinger zu zeigen. Also, bei deiner Liebe zu Tiefkühlgerichten, nimm die Chance wahr! Es liegt Gold am Ende jedes Trennungs-Tunnels, und das Gold ist keine neue Beziehung. Es geht darum, im besten Sinne egoistisch zu sein. Genieße es, verdammt noch mal, solange du kannst!

Tipps für deine nächste Beziehung

Ich will ehrlich sein. Es gibt eine Menge Knalltüten. Viele Dates wirst du unter »Erfahrungen sammeln« im Ordner »Feldforschung« abheften müssen. (Ich betrachtete Dating als Sport: Es machte Spaß und hat mir geholfen, mich gesund und zu meinem Besten aus Beziehungen rauszuhalten, bis es mit jemandem funkte und zu prickeln begann.)

ABER es gibt auch viele wirklich nette, anständige, kompatible Menschen, die dein Herz höher schlagen lassen und Freude und Begeisterung in dein Leben bringen.

Und das tust du, wenn du auf so einen Goldklumpen stößt:

1. ***VERSAU ES NICHT …***

   … indem du ununterbrochen über deinen Ex oder über die Trennung sprichst oder indem du deinem Ex eine SMS schreibst oder sonst etwas tust, das mit deinem Ex zusammenhängt. Eine zarte, frisch erblühte neue Beziehung hat eine sehr kleine Gästeliste – und dein Ex steht NICHT darauf.

2. ***HÜTE DICH VOR NARBENGEWEBE***

   In den meisten Fällen, wenn du in einer Beziehung ängstlich, wütend, verletzt oder eifersüchtig bist, liegt es an wunden

Punkten aus der Vergangenheit, die berührt werden, und nicht an der eigentlichen Person und Situation, in der du gerade steckst. Du kehrst unbewusst zu deinem alten Selbst und deiner vergangenen Beziehung zurück. Nehmen wir als Beispiel, dein neuer Geliebter schreibt spät in der Nacht eine Nachricht. Du machst eine sarkastische Bemerkung darüber, weil dein (untreuer) Ex das früher immer getan hat und die alten Gefühle zurückgekehrt sind, und du fühlst dich seltsam dabei. Dein neuer Lover versteht den Aufruhr nicht – er schreibt dem Team nur eine Nachricht über das Badminton-Training am Morgen –, aber schließlich endet es im Streit und er ist verwirrt. Alles wegen eines tief sitzenden, ungelösten Schmerzes aus der Vergangenheit. Die traurige Wahrheit ist, dass du – wie wir alle – an einigen Stellen Narbengewebe hast. Achte darauf, nicht einer unschuldigen Person die Schuld für das zu geben, was dein Ex oder der Ex vor dem Ex oder sogar deine Eltern getan haben. Erkenne die Zeichen, erkläre die Situation vorsichtig deinem neuen Partner und arbeite daran, sie zu überwinden.

3. *BLEIB DU SELBST*

Es ist spielend leicht, mit einer aufregenden neuen Person zu verschmelzen, mit 200 Stundenkilometern in eine Beziehung zu rauschen und unmittelbar in »Ja, es ist etwas Ernstes« einzutauchen. Aber ich flehe dich an: Tu's nicht. Lass dir Zeit. Gib nicht dein soziales Leben, deine Freunde, deine Hobbys

LASS NIE ZU, DASS DAS, WAS DU WILLST, DICH VERGESSEN LÄSST, WAS DU SCHON HAST. DEINE GESUNDHEIT! DEINE FREUNDE! DEINE FAMILIE! EIN WUNDERBARES LÄCHELN! DIESE NEUE JACHT! DANKBARKEIT IST EIN SEHR WIRKSAMER STIMMUNGS-AUFHELLER.
IHRE ANWENDUNG IST VÖLLIG UNBEDENKLICH.

und deine Ziele auf – und sage auf gar keinen Fall diese London-Reise mit deinen Freundinnen in einem Monat ab. Die Wahrung deiner Identität und Individualität gibt der Beziehung eine viel bessere Chance (etwa 500 % nach einigen frei erfundenen Statistiken in meinem Kopf), eine wirklich gesunde, glückliche und qualitativ hochwertige Partnerschaft zu sein. Außerdem, wenn die Sache den Bach runtergeht, wirst du nicht das Gefühl haben, dass es das Ende der Welt ist – und tatsächlich ist es das auch nicht. Wenn du mit dir selbst im Reinen bist, wird es dir leichtfallen, eine qualitativ hochwertige Beziehung an Land zu ziehen, zu genießen und zu pflegen.

Da das Buch bald zu Ende ist, gibt es noch eine letzte Sache, die ich dir sagen muss: Du hast etwas Koriander zwischen den Zähnen. War nur Spaß. Als ob wir Koriander essen würden, wo doch jeder weiß, dass Koriander jedes Gericht versaut. Nein, was ich sagen möchte, ist: Danke. Danke, dass du dir die Zeit genommen hast, dieses Buch zu lesen (auch wenn du einiges davon gehasst hast – eine Menge vermutlich), und dafür, dass du der positiven Sicht auf Trennungen eine Chance gegeben hast, denn ich weiß, das ist keine beliebte Perspektive. Aber beliebt zu sein ist nicht alles (sondern nur – ungefähr – 99 %, wenn du meine Freundinnen Bethany und Madison fragst – aber nicht in der Cafeteria, weil du da NICHT bei uns sitzen kannst).

Ich gratuliere dir und begrüße deine Entscheidung, in einer

Zeit, die echt mies ist (wenn auch vorübergehend!), auf Heilung und Verarbeitung zu setzen und auf dich selbst aufzupassen. Es ist viel einfacher, sich im Dauerschmerz zu suhlen, mit dem Finger auf den anderen zu zeigen, sich zu beschweren und gegen Reifen zu treten. Deshalb wählen die meisten Menschen diesen Weg während einer Trennung. Aber du nicht. Du auf keinen Fall. Du bist eine Fünf-Sterne-Persönlichkeit, ein menschlicher Diamant – und das sollen ruhig alle wissen.

Auf dich persönlich!

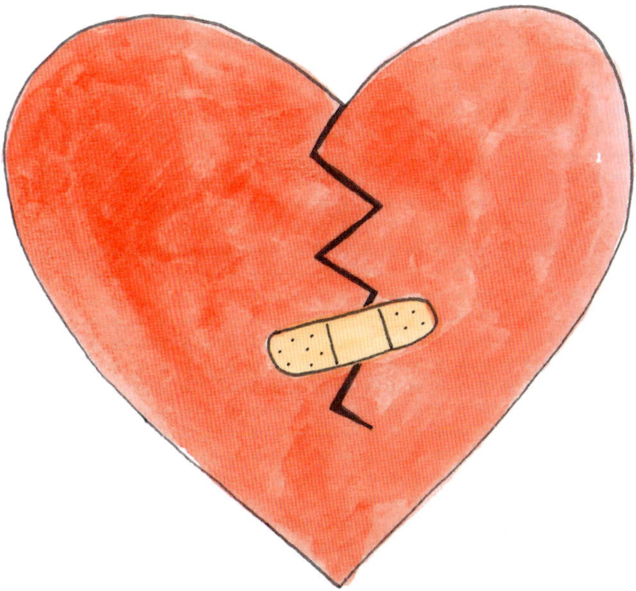

FAQs

WIRD DIESES BUCH MICH HEILEN?

Nein, du Dummerchen, nur du selbst kannst dich heilen. Aber es wird definitiv helfen.

KANN DAS LESEN UND BEFOLGEN DIESES BUCHS SCHÄDLICH ODER UNGESUND SEIN?

Dieses Buch ist ungefähr so gefährlich wie ein Babyfaultier. Betrachte es als ein Selbsthilfe-Buch, das *nicht* schlecht für dich ist.

GIBT ES EINE GELD-ZURÜCK-GARANTIE, WENN ICH NACH DEM LESEN DES BUCHES NOCH TRAURIGER BIN?

Auf keinen Fall. Heilung dauert bei jedem unterschiedlich lang: Du könntest noch ein weiteres Jahr traurig sein! (War nur Spaß – höchstens 11 Monate.) Dieses Buch möchte dir Informationen, Werkzeuge und liebevolle Vorträge zur Verfügung stellen, damit du deinen Kummer, deine Wut und deine Traurigkeit bewältigen und sie idealerweise in etwas Positives und Starkes verwandeln kannst, sodass du durch die Trennung hindurchkommst, sie hinter dir lassen und wieder mit voller Kraft leben kannst. (Auch nicht zu vernachlässigen: ein neuer Haarschnitt.)

WAS, WENN MEIN EX ES AUCH LIEST UND MICH BEI DER HEILUNG AUSSTICHT?

Hochachtung, dass er so fortschrittlich ist. Sende ihm (telepathisch) Liebe.

IST DIESES BUCH EIN GUTES GESCHENK?

Ja! Nicht jeder ist so proaktiv und großartig bei Trennungen wie du. Einige Leute kehren ihren Schmerz unter den Teppich und machen stoisch weiter. Einige sagen zwar, dass es ihnen gut geht, obwohl ihr Gefühlshaushalt eine völlig andere Sprache spricht. Andere fallen in eine neue Beziehung, als ob die Trennung nie stattgefunden hätte. Und dann gibt es noch die, die darüber singen und damit Millionen verdienen (Taylor Swift). Wenn du jemanden kennst, der während einer Trennung etwas Freundlichkeit, Führung und strenge Liebe gebrauchen kann, warum schenkst du ihm dann nicht dieses Buch. Das ist es, was eine gute Freundin tun würde. Und du bist eine gute Freundin. Das weiß jeder.

WO SIND DIESE SPOTIFY-PLAYLISTS, DIE DU VERSPROCHEN HAST?

Google »Spotify Break-up Boss« und die Playlists werden als Erste auftauchen. Oder du gibst diese unsinnigen Ziffern und Buchstaben in deinem Browser ein:

- Für die schwelgend-traurige Playlist: http://spoti.fi/2gzEH6Y
- Für die aufmunternd-positive Playlist: http://spoti.fi/2yIdPMN

KANN ICH ZOË EINE E-MAIL SCHREIBEN?
Wir können nicht versprechen, dass sie die E-Mail erhalten wird, da sie sich für eine große Anzahl von E-Mail-Newslettern angemeldet hat, die ihren Posteingang verstopfen, also bitte das Feedback an hello@breakupboss.com schicken. Jemand wird es definitiv lesen und antworten.

ICH BIN IMMER NOCH SEHR TRAURIG. KOMME AUS DEM TIEF EINFACH NICHT RAUS. WAS KANN ICH TUN?
Es gibt viele Menschen, die bereit und in der Lage sind, zu helfen und zuzuhören. Bitte nutze ihr professionelles Angebot. Die *Deutsche Depressionshilfe* bietet zum Beispiel unter *www.deutsche-depressionshilfe.de* viele Informationen und Hilfsmöglichkeiten sowie eine telefonische Beratung unter 0800/33 44 533 an. In akuten Krisen wende dich bitte an deinen Arzt, die nächste psychiatrische Klinik oder den Notarzt unter der Telefonnummer 112.

ICH TUE MEIN BESTES, ABER MEIN EX LÄSST MICH NICHT IN RUHE. ES WIRD BEÄNGSTIGEND. WAS TUE ICH?
Wenn du in unmittelbarer Gefahr bist oder dich bedroht oder belästigt fühlst, rufe unbedingt die Polizei. (Notruf 110!)
Wenn du Unterstützung, Informationen oder Hilfe in deiner Situation benötigst, berät dich das *Hilfetelefon Gewalt gegen Frauen* des Bundesamts für Familie kostenfrei und vermittelt Beratungsstellen in deiner Nähe unter 08000/116 016.

GIBT ES EINEN RICHTIGEN ODER FALSCHEN WEG, DIESES BUCH ZU VERWENDEN?

Nein. Tauche ein und wieder aus, wie es für dich passt. Trennungen geschehen nicht für alle in der gleichen Abfolge oder nach dem gleichen Muster oder mit der gleichen Geschwindigkeit. Und genauso ist es mit dem Bedürfnis nach Informationen oder Beratung. Dies ist ein »Wähle-dein-eigenes-Abenteuer«-Buch. Benutze es, wie du willst. Und wenn du die Orientierung verloren hast, geh einfach zurück zum Rad der Gefühle und fang von vorne an.

ICH WEISS, DASS DAS EIN BISSCHEN DREIST IST, ABER … KÖNNEN WIR FREUNDE SEIN?

OMG, wir haben exakt das Gleiche gedacht! Folge mir auf Instagram unter @breakupboss und schicke E-Mails an hello@breakupboss.com oder schreibe am Sonntag um 15:15 Uhr eine Nachricht in den Himmel, damit ich sie sehe.

Hinweis zur Übersetzung: Aus Gründen der Lesbarkeit wurde bei Personenbezeichnungen die männliche Form gewählt. Es ist jedoch immer die weibliche Form, zum Beispiel bei gleichgeschlechtlichen Beziehungen, mitgemeint.

Titel der Originalausgabe: Break-up Boss

Die Originalausgabe ist 2018 bei
Penguin Random House Australia Pty Ltd erschienen.
Diese Ausgabe wurde in Absprache mit
Penguin Random House Australia Pty Ltd über
Michael Meller Literary Agency GmbH, München, veröffentlicht.

Aus dem Englischen von Ute Löwenberg

Originalgestaltung: Hilary Thackway und
Penguin Random House Australia Pty Ltd
Innengestaltung der deutschen Ausgabe: Daniela Schulz
Covergestaltung: arsEdition GmbH
ISBN 978-3-8458-3331-6
1. Auflage

www.arsedition.de

FSC www.fsc.org
MIX
Papier aus verantwortungsvollen Quellen
FSC® C002795